미 외교관 부인이 만난 명성황후

영국 선원 앨런의 청일전쟁 비망록

020
그들이 본 우리
Korean Heritage Books

미 외교관 부인이 만난
명성황후

영국 선원 앨런의
청일전쟁 비망록

메리 V. 팅글리 로렌스 · 제임스 앨런 지음
손나경 · 김대륜 옮김

살림

이 책은 메리 V. 팅글리 로렌스의 *A DIPLOMAT'S HELPMATE*와 제임스 앨런의 *UNDER THE DRAGON FLAG*를 합본한 것이다.

'그들이 본 우리' ― 상호 교류와 소통을 위한 실측 작업

우리는 개화기 이후 일방적으로 서구문화를 수용해왔습니다. 지금 세계는 문화의 일방적 흐름이 극복되고 다문화주의가 자리 잡는 등 세계화라는 다른 물결 속에 있습니다. 이제 우리가 주체적으로 우리의 문화를 타자에게 소개함에 있어 진정한 의미에서의 상호 소통을 통한 상호 이해가 필요함은 주지의 사실입니다. 그리고 타자와 소통하기 위한 첫걸음은 그들의 시선에 비친 자신의 모습에 대한 진지한 탐색입니다. 번역은 바로 상호 교류를 통해 자신의 정체성을 확보하기 위한 작업이며, 이는 당대의 문화공동체, 국가공동체 경영을 위해 중요한 과제 중의 하나입니다. 우리가 타자에게 한 걸음 다가가기 위해서는 타자와 우리의 거리를 정확히 인식하여 우리의 보폭을 조절해야 합니다. 그런 의미에서 서구가 바라보았던 우리 근대의 모습을 '번역'을 통해 되새기는 것은 서로의 거리감을 확인하면서 동시에 서로에게 다가가기 위한 과정입니다.

한국문학번역원이 발간해 온 〈그들이 본 우리〉 총서는 바로 교류와 소통의 집을 짓기 위한 실측 작업입니다. 이 총서에는 서양인이 우리를 인식하고 표현하기 시작한 16세기부터 20세기 중엽까지의 우리의 모습이 그들의 '렌즈'에 포착되어 기록되어 있습니다. 그들이 묘사한 우리의 모습을 지금 다시 읽는다는 것에는 이중의 의미가 있습니다. 우선 우리는 그들이 묘사한 우리의 근대화 과정을 통해 과거의 우리를 확인할 수 있습니다. 하지만 이 작업은 다른 면에서 지금의 우리가 과거의 우리를 바라보는 깨어 있는 시선에 대한 요청이기도 합니다. 지금의 우리와 지난 우리의 거리를 간파할 때, 우리가 서 있는 현재의 입지에 대한 자각이 생긴다고 할수 있습니다. 이런 의미에서 이 총서는 시간상으로 과거와 현재, 공간상으로 이곳과 그곳의 자리를 이어주는 매개물입니다.

이 총서를 통해 소개되는 도서는 명지대-LG연암문고가 수집한 만여 점의 고서 및 문서, 사진 등에서 엄선되었습니다. 한국문학번역원은 2005년 전문가들로 도서선정위원회를 구성하고 많은 논의를 거쳐 상호 이해에 기여할 서양 고서들을 선별하였으며, 이제 소중한 자료들이 번역을 통해 일반인들에게 다가감으로써 우리의 문화와 학문의 지평을 넓혀줄 것으로 기대합니다. 한국문학번역원은 이 총서의 발간을 통해 정체성 확립과 세계화 구축을 동시에 이루고자 합니다. 우리 문학을 알리고 전파하는 일을 핵심으로 하는 한국문학번역원은 이제 외부의 시선을 포용함으로써 상호 이해와 소통이 현실적으로 가능하도록 더욱 노력하겠습니다.

끝으로 이 총서가 세상에 나오게 힘써주신 여러분들께 감사드립니다. 특히 명지학원 유영구 이사장님과 명지대-LG연암문고 관계자들, 도서 선정에 참여하신 명지대 정성화 교수님을 비롯한 여러 선생님들, 번역자 여러분들, 그리고 출판을 맡은 살림출판사에 감사드립니다.

2009년 5월
한국문학번역원장 김주연

차례

미 외교관 부인이 만난

명성황후

메리 V. 팅글리 로렌스 지음
손나경 옮김

A
DIPLOMAT'S HELPMATE

HOW ROSE F. FOOTE, WIFE
OF THE FIRST U.S. MINISTER AND
ENVOY EXTRAORDINARY TO
KOREA, SERVED HER COUN-
TRY IN THE FAR EAST

By

MARY V. TINGLEY LAWRENCE

SAN FRANCISCO
H. S. CROCKER COMPANY
PUBLISHERS

차례

일러두기

1. 번역 대본은 Mary V. Tingley Lawrence, *A Diplomat's Helpmate: How Rose F. Foote, Wife of the First U.S. Minister and Envoy Extraordinary to Korea, Served Her Country in the Far East*(San Francisco: H. S. Crocker)이다.
2. 주는 모두 옮긴이가 단 것이다.

머리글

　정의를 위해 투쟁한 여성들 중 어느 누구도 미국인이 한국에 주재한 초창기에 캘리포니아 출신의 로즈 F. 푸트 여사가 미국 여성을 대표했던 일보다 더 용감한 활약이 필요한 임무를 부여받았던 적은 없었다.

　한국에 부임한 최초의 미국 전권공사 루시우스 하우드 푸트의 부인인 그녀는 고도(古都) 서울에 들어간 최초의 서양 여성이었다. 부인은 미국 공사의 파트너로서 충실하게 한몫을 했고, 재치 있고 아름다운 데다가 지적으로나 정신적으로 성숙하여 푸트 공사가 고요한 아침의 나라에서 외교 분야를 개척하는 까다로운 중책을 수행할 때 성실한 조력자의 역할을 충분히 할 수 있었다.

　푸트 부인의 흠잡을 데 없는 자태와 타고난 외교 감각, 그리고 상냥한 성품은 푸트 공사가 음모로 둘러싸인 동양에서 흔들림 없이 앞으로 헤쳐 나아갈 수 있게 도와주었다.

여사는 주변 사람들을 챙겨야 할 상황에 적절히 대응함으로써 조선의 골수 보수주의자들에게 확고한 존경을 얻었고, 권력자인 조선 왕후의 모진 반감을 신실한 신뢰와 애정으로 바꾸었다.

적십자의 이름이 거의 알려지지 않았던 때에 적십자의 선구자로서 행한 그녀의 고귀한 봉사는 자선을 베풀려고 애쓰는 그 분야의 한 일꾼에게 영적인 지침을 주었다. 정변이 한창일 때 우리나라의 국기와 그 국기가 대표하는 국가를 위해 용감하게 충성을 다한 것에서 알 수 있듯이 여사의 애국심, 고결한 용기와 이타심은 오늘날 자유를 위한 투쟁에서 용감하게 자신을 희생하는 여성들의 본보기가 되었다.

여사는 자신이 동양에서 활약한 다양한 경험에 대해 거의 말하지 않았다. 하지만 정부의 직책에 오른 사람은 푸트 장군 혼자였더라도, 장군은 자신의 아내 역시 그들 부부가 너무나도 사랑했던 나라를 위해 거의 같은 비중으로 헌신했다는 것을 느끼고 있었다.

로즈 푸트는 남편과 함께 조선에 가서 남편의 조력자로서 어느 면에서도 나무랄 데 없이 일했고, 고귀한 임무를 충실하게 행하는 본보기를 보여주어 미국 여성들에게 영원한 영적 지도자가 되었다.

제 1 장
서울 도착

루시우스 하우드 푸트 장군(General Lucius Harwood Foote)[1]이 조선에 파견될 최초의 미국 특명전권공사[2]로 임명되었다. 정부의 경고에도 불구하고 그의 부인은 남편과 동행하기로 결심했다. 그들의 출발에 크나큰 국제적 관심이 쏠렸다. 일본 도쿄에서는 천황 부처의 귀빈으로 대접받았다. 푸트 여사는 고도(古都) 서울에 들어간 최초의 서양인 여성이었다.

푸트 부인[3]은 남편이 최초의 미국 전권공사로 조선에 파견되자 임지로 가는 남편과 동행하려고 했다. 워싱턴의 관료들이 그녀를

---

1 루시우스 하우드 푸트(1826~1913)는 1826년 목사인 루시우스 푸트의 아들로 태어났다. 청년기에는 캘리포니아 주에서 변호사 시험에 합격한 후 판사로 재직했다. 1862년 로즈 프로스트 카터(Rose Frost Carter)와 결혼했다. 1872~1876년에는 육군 중장으로, 1878~1881년에는 칠레 주재 미국 대사관의 영사로 있었다. 1871년 신미양요 때 해군 장교로 참전하여 한국과 인연을 맺었다. 1883년 조선 주재 초대 미국공사로 부임하여 민영목과 조미수호통상조약을 비준 교환했고, 1885년 조선에 대한 미국 정부의 냉대에 불만을 품고 사직했으며 1913년에 사망했다.

2 Envoy Extraordinary and Minister Plenipotentiary: 대사 다음 가는 제2급의 외교사절로 흔히 '공사'라고 부름.

3 본명은 로즈 프로스트 카터였고, 1862년 푸트 장군과 결혼했으며, 장군이 초대 주한 미국공사로 부임할 때 한국에 온 최초의 서양 여성이었다. 푸트 장군이 죽은 다음날인 1913년 6월 5일자 「뉴욕타임스」 기사에 따르면 푸트 여사는 1885년에 사망했다고 한다.

만류하려고 애를 썼지만 소용없는 일이었다. 미 국무부는 그녀에게 푸트 장군이 수행할 임무에 예상치 못한 위험이 많으리라고 엄중 경고했다. 그러나 부인은 지금까지 자신이 남편과 행복과 불행을 함께 나눠온 것처럼 이러한 위험을 함께 겪을 권리가 있다고 단호하게 주장했다. 미 국무부는 서양 여성이 아직까지 발 디딘 적 없는 고요한 아침의 나라에 닥친 침략을 막기 위해 권력을 쥐고 있는 보수적인 왕후가 최후의 외교 방편으로 그녀를 이용할 수 있다는 말도 부인에게 했다. 그러나 이 미국공사 부인은 지금은 그런 류의 편견을 부수어야 할 때이며, 동양의 딸들과 그들의 서양 자매들 사이의 이해의 길을 어떤 여성인가는 닦아야만 한다고 조용히 주장하였다. 비록 바다 너머에서 악랄한 독재자가 맹렬한 분노를 품으며 그녀를 보고 있다 해도 자신은 스스로 하고자 하는 일을 조용히 해나가리란 것이었다. 그 일은 왕후마마와 서양 여성 간의 최초의 조우였다. 그리고 상냥하고 목적 의식이 분명한 그 미국 여성은 머나먼 타국에서 치러야 할 싸움의 전초전에서 승리하였고,[4] 자신이 왕후의 주변 사람들에게 불러일으킬 혼란에 대해서는 아무것도 모른 채 곧 닥칠 알현을 향해 조용히 나아가고 있었다.

---

4 국무부의 만류를 극복하고 조선에 가게 된 것을 말함.

미국 정부는 발생할 가능성이 있는 중대 사태를 믿고 맡길 만한 정치가를 찾으려고 많은 관심을 쏟았다. 그리고 가능한 모든 자료를 조심스럽게 검토한 결과, 캘리포니아 출신의 루시우스 하우드 푸트 장군으로 결정했다. 푸트 장군은 법률가이자 저명한 저술가이며 군사 훈련과 외교 경험을 갖추었고, 동양인들을 매료시키고도 남을 호감형의 성격과 좋은 매너, 수려하고 귀티 나는 용모까지 지니고 있었다. 그 은자의 왕국(The Hermit Kingdom)[5]은 최근 껍질을 깨고 미국의 보호 하에 국제사회에 나와 세상을 깜짝 놀라게 하였고, 미국을 통해 최초로 서양 사회와 교류를 맺게 되었다. 이전까지 엄격한 의미에서의 독립 상태를 유지해본 적이 없었던 조선은 표면적으로 오랫동안 중국을 종주국으로 인정해왔는데, 이 점에 대해 여타 이웃 나라들은 상당히 불만스러워했다. 오래된 상태를 청산하는 것은 국내 정치적으로나 상업적으로 보다 큰 기회를 제공하게 될 것이기에 탐욕스러운 인접 국가가 위험한 태도를 취할 가능성이 있었다. 또한 그 결과가 동양 너머에까지 영향을 미칠 수도 있는 것이었다. 대외 사절이 서울 성 안에 주둔하는 것이 허락될 것인지에 관해 국무부가 심각하게 의문을 표했기

---

5 중국 이외의 국가와 접촉을 끊은 1637~1876년경의 조선.

때문에 공사관을 세울 어떤 대책도 마련되지 않았다. 그래서 정부 대표부의 부지를 선정하는 문제는 공사의 외교적 역량에 맡겨졌다. 공사의 행복에 직접적으로 암영을 드리운 문제는 대통령과 국무부 장관이 푸트 여사가 따라가면 오만 가지 위험에 직면할 것이라고 결론을 내린 일이었다. 쇄국주의자들은 자신들의 법을 위반한 사람들을 집단 처형하던 시절만큼이나 이방인에게 호전적이고 적대적이었다. 왕국 안으로 서양인 남자가 입국하는 것을 강하게 반대해왔던 매력적인 권력자, 조선 왕후가 푸트 여사와 같은 서양 여성이 오는 것에 대해서 한층 집요하게 분노하리라는 전망이 명백하기에 그 공식적인 경고는 한층 강화되었다. 영리한 데다 궁궐을 장악했음에 의문의 여지가 없는 왕후가 아름다운 침입자를 많이 불편해할 가능성이 상당히 있었기 때문이다. 그런 험악한 전조에도 겁먹지 않고, 어떤 낭만적인 환상도 초월한 그 미국 여성은 이 의지가 굳은 왕후에게 강한 개인적인 관심을 가졌다.

그 미국 남성과 아내 사이에는 상호 의존과 즐거운 동지애라는 특별한 유대의식이 있었으며, 몇 가지 염려되는 바가 있긴 했지만 별거라는 시험을 치르는 대신 위험을 감내하는 편을 택했다.

푸트 장군이 자기 국가의 이익을 보호하기 위해 어떤 복잡한 문제라도 해결하겠다고 그 미지의 왕국으로 직접 간다는 중대한 사실은 모든 국제 외교관들의 관심을 끌었다. 그 결과에 따라 다른 서방 국가들도 곧바로 미국의 외교 활동을 따라 할 것이기 때문이다. 미국 공사와 그의 동지는 수세기 동안 정체된 상태에서 막 깨어나고 있는 땅으로 길을 낼 것이고, 자신들의 미래를 새로 고쳐 가는 특별한 민족을 근거리에서 크나큰 관심을 기울이며 바라보게 될 것이다. 그 형성 과정에 음모라는 양념과 위험이라는 향신료가 더해질 것임은 의심할 나위가 없었다.

액션으로 가득한 동양극이 상연되리라는 전망이 있었다. 그러나 우리의 캘리포니아 출신 여사는 남편 옆에서 먼 곳으로 배를 타고 갈 때만 해도 오래된 성벽으로 둘러싸인 수도에서 상연될 비극적인 장면에 자신이 국기를 들고 직접 출연하여 맡게 될 역할에 대해서는 전혀 모르고 있었다. 더군다나 처음에는 자신을 거부했던 왕후가 심각한 어려움을 겪을 시점에 자신에게 은밀하게 도움을 청하리라는 것이나, 사랑하던 사람들이 참수당하고 난 뒤 왕후가 그녀에게 위안을 구할 정도로 그녀를 신뢰하게 되리란 것은 꿈도 꾸지 않았다.

새로 임명된 공사의 아내는 교양 있고 위엄 있는 자태를 갖춘 아름다운 여자였다. 타고난 살림꾼에 사교술은 물론이고, 외교관의 아내로서 필수적인 지식까지 갖추었다는 점에서 여사는 어느

로즈 F. 푸트 여사

모로 보나 남편에게 최고의 조력자였다. 놀라움과 미스터리로 차 있는 땅인 그 은자의 왕국은 이 영웅적인 여성이 도저히 저항할 수 없는 매력을 지니고 있었다. 마치 그녀는 신의 소명을 듣기라도 한 것 같았다. 그녀가 모험을 위해 준비한 장비는 내적인 결실을 맺어가며 수년간 자기 계발의 결과로 생긴 풍부한 인생 경험과, 그녀 앞에 펼쳐질지 모를 지극히 고귀한 의무에 기꺼이 생명을 바치겠다는 각오였다.

목적지로 가는 도중에 이 저명한 미국인들은 많은 관심을 받았다. 일본의 도쿄에서 그들은 천황, 천황후와 정찬을 들었고, 천황 내외는 이들을 위한 연회를 황궁 경내에서 열어주었다.

얼마 지나지 않아 푸트 장군은 한국어를 통역해줄 한 일본인 신사와 자신의 시중을 들 소년을 함께 고용했고, 푸트 부인은 유능한 일본인 하녀를 얻었다.

요코하마에서 미국 선박 '모노커시'는 미국 공사의 지휘를 받게 되었고, 푸트 장군 부처는 그 배로 여행의 종착지에 다다랐다.

제물포에서 푸트 장군은 서울에서 파견된 고위직 대표단과 만났는데, 이 대표단은 우아한 귀족 의상을 입은 품위 있는 남자들로 구성되어 있었다. 이 예절 바른 대표들은 자신들의 호기심을 누르고 푸트 장군은 물론 그의 부인을 예상 외로 따뜻하게 환영했고, 마음에서 우러나는 친절을 보여주어 서울에서 조선 정부와 회담할 때 맞닥뜨려야만 할 곤란한 문제들을 조정하는 것에 대한 장군의 고민을 완화해주었다. 미국 공사관을 제물포가 아닌 서울에 두는 문제에 양해를 얻어내는 과정 중에 장군의 기지가 시험받게 될 것은 자명했다. 또한 동시에 그의 아내를 대우하는 문제, 즉 부인이 장군과 같은 거처에 있는 것이 허용될지, 아니면 왕래가 쉬운 거리에 거주하는 것이 허용될지에 대한 문제도 고려 대상이 되어야 할 것이다. 푸트 여사에게 영향을 줄 결정에 왕후가 힘의 추를 쥐고 있다는 것은 의심할 여지가 없었다.

그동안 그 미국 숙녀는 여전히 모노커시호에 남아 있었다.

미국 공사는 아내에게 작별 인사를 하고 자신이 앉을 가마 의자에 미국 국기를 꽂은 후 외교 사절과 모노커시호의 몇몇 장교들을 대동한 채 서울로 출발했다.[6] 그는 조선인들의 시선을 받으며 잊지 못할 여행을 시작했다. 그 여행으로 그는 대궐의 정문을 통과해 궐내에 들어간 최초의 서양인이 되었다.

특유의 열정으로 이 특별한 땅에 인사를 했던 여사는 배의 장교들을 몇 명 대동하고 즐거운 마음으로 제물포 근방을 산책했다.

---

6 1883년 5월 17일 푸트 공사는 조미수호통상조약을 비준하러 서울로 향하고, 그동안 푸트 여사는 모노커시호에 머물고 있었음.

그녀가 새 땅에 발을 디디자마자 조선인들이 무리지어 그녀를 에워싸 만지고 빤히 쳐다보았다. 몇 명은 몸을 숙여 얼굴을 땅에 댄채 그녀의 굽 높은 구두를 호기심 있게 바라보기도 하였다. 군중의 무리가 놀랄 만큼 많아지자 이 불법 침입자는 배로 돌아가는 것이 나을 것 같다고 생각했다. 푸트 여사가 보기에는 이 땅 전체에 어려 있는 영혼이 호기심 많은 이 사람들을 통해 여사 자신에 대한 의미와, 조선이 새로 개방한 문을 통해 용맹하게 그녀가 들어온 사건의 의미를 풀려고 최초의 시도를 하는 것 같았다.

서울에서 미국 공사는 조약상 몇 가지 이로울 만한 변경 사항에 대해 협상했고, 그 이후에 조약을 비준했다.

그리고 바로 지금 푸트 장군의 외교술과 세련된 예절, 호감 가는 성격은 서울에 공식 거주지를 얻는 것을 가능하게 하는 중요한 요인이 되었음은 물론, 미국 공사 부인은 남편 옆에 있어야 하고 지금까지 알려진 것처럼 부인이 개항장인 제물포나, 하물며 중국 상하이(上海)로 물러가지 않는 것을 내켜지 않는 조선 정부를 설득하는 데도 결코 작지 않은 요인이 되었다. 장군이 지혜롭고 재치 있게 자기가 할 말의 요점을 밝혔기에 그가 서울을 떠나려 할 때에, 지위 높은 귀족들이 앞다투어 그에게 인사를 하고 조선풍과 중국풍의 호화로운 건물로 모시고 가서 근사한 환대를 했다.

그리고 미국 공사 부인이 호의적인 환영을 받게 될 것임을 확약하여 장군을 더욱 놀라게 하고 감격케 했다.

공사가 푸트 부인에게 돌아오자 이 신나는 소식은 널리 퍼졌고, 수세기 동안 지속된 편견을 부수고 용감하게 조선을 방문한 외국인 여자에 대한 호기심은 더욱 높아져 사람들은 그녀를 흘끔이라도 보고 싶어 했다.

조선인들은 수백 마일 떨어진 논과 집에서 서둘러 나왔고, 수천 명의 사람들이 길에 줄지어 서서 부인이 성조기 아래 남편의 옆 의자에 앉아 마차를 타고 가는 것을 바라보았다. 인접한 작은 농가나 초가집, 그리고 꽃으로 뒤덮여 아름답게 굽이치는 시골을 수행원을 대동한 채 마차를 타고 지나던 부부는 그림 같은 여행의 한발 한발을 즐겼고, 이상한 옷을 입은 조선인들이 몰려드는 것에 흥거워했다. 부인은 이들을 바라보며 자신들이 들어가게 될 신비로운 신세계에서 보고 겪게 될 진귀한 장면과 모험을 상상했다.

그 별난 행렬은 드디어 담쟁이로 덮인 대도시[7]의 높은 전투용 성벽에 도달했고, 지는 해가 금빛 광휘를 뿜고 오래된 종이 열여섯 개의 성문을 닫으라는 표시로 낭랑하게 울려 퍼질 때쯤 성 안

7 서울.

으로 들어갔다. 이 외국인들 주변으로 온갖 사람들이 몰려들어 사방은 혼잡해졌다. 앞뒤로 밀치고 지나가는 사람들이 물결처럼 움직였으며, 그림에서나 봐온 동양인들이 몰려 있는 장면 앞에서 이 외국인 부부는 놀라움으로 가득 찼다. 갖가지 고함과 소음이 뒤섞이고, 사람과 동물이 몰린 것을 보고 어안이 벙벙해진 푸트 여사는 자신이 갈피를 잡을 수 없는 극동 생활의 혈관과 맥박 안으로 휘말려 들어왔다는 것을 생생하게 느끼고 있었다.

공사 부부가 열린 상점과 줄지어 선 낮은 초가집을 지나 떠미는 사람들 사이를 지그재그를 그리며 통과할 때, 영락없이 숲이 움직이는 것처럼 잔가지를 하늘에 닿을 만큼 높이 쌓은 짐을 참을성 있게 잘도 지고 가던 황소 행렬은 청·홍·백의 색조가 선명한 미국 국기를 단 공사 일행이 가던 길을 계속 갈 수 있도록 길 양쪽으로 나뉘어 지나갔다. 이 외국인 남자와 여자를 끊임없이 응시하는 인근 백성들의 눈길 속에는 놀라움과 호기심이 훤히 보였다. 이십만의 거주민들이 북적이는 소동으로 인해 공사 부인은 더욱 흥분되고 떨렸으며 이 멋진 순례 행진이 막바지에 도달함에 따라 신경도 더 예민해졌다.

공사 부부 일행이 목적지에 다다르자 산들바람이 불면서 부인의 뺨을 무언가가 사람의 손길처럼 쓰다듬고 지나갔다. 그것은 소중한 깃발이었다. 그녀가 그 끝자락을 잡아 자신의 입에 갖다 대자 깃발은 마치 자신이 충실하게 옆을 지키고 있으며 자신이 하고자 하는 것을 그녀에게 상기시키려는 듯이 부드럽게 맥박이 뛰는 것처럼 느껴졌다. 그녀의 행동에 가슴이 뭉클해진 장군은 부인을 의자에서 자상하게 일으켜주었다.

오늘 벌어진 그 놀라운 사건의 소식은 빠른 속도로 대궐까지 전해졌다. 왕후는 분노로 안절부절못하며 나갈 수 없는 규방의 벽을 때렸다. 왕족도 아닌 서양 여성이 조선 왕후가 마음속으로 가장 귀하게 여기는 전통을 어겨가며 무한한 자유를 누리는, 약 오르는 현실에 상심하고 있었던 것이다. 그 침입자가 개항장에 들어왔을 때도 화를 참을 수 없었는데, 신성한 수도를 지키는 성벽의 문이 열려 지금 그녀가 대궐 마당을 향해 가까이 다가오고 있다는 사실로 더욱 커진 화는 분노로 변했다.

푸트 여사는 선구자로서 비범한 업적을 이루었다. 오래된 서울에 들어간 첫 서양 여성이 됨으로써 그녀는 같은 여성이 따라갈 수 있는 길을 닦아준 것이었다.

제 2 장
왕후의 호기심

공사관과 관저를 물색함. 오래된 민씨 일족의 저택인 '정동'이 선택됨. 푸트 여사가 공사관 위로 미국 국기를 게양함. 앞으로 벌어질 일을 예고라도 하듯 눈물을 흘림.

미국 공사관으로 사용하려고 검토된 건물 중에는 민씨 집안의 오래된 저택[8]이 있었다. 그 집을 보면 세도가인 왕후 집안의 한 사람이 살던 집이었다는 개연성을 분명히 느낄 수 있다. 그 집에 관한 매혹적인 역사가 기록되어 있었으며 로맨스의 향기는 그 매력

8 1882년 조미수호통상조약이 체결된 후 푸트 장군이 공사로 임명되어 사용한 미국 최초의 대사관은 서울 중구 정동 덕수궁 후문 쪽에 자리 잡고 있었다. 당시 정5품인 한림(翰林) 민계호(閔啓鎬)의 저택을 미화 2,000달러(당시 한화 1만 냥)에 사들여 공사관 겸 저택으로 쓰기 시작했다. 미국 공사가 부임하던 당시 125칸의 집과 300칸의 정원 및 공간이 있었다고 한다. 그 후 일제 침략 하에 주일 미국 대사관으로 흡수되었다가 광복과 더불어 국교가 수립되어 오늘날까지 이르고 있다(『서울특별시 서울 육백년사』 참조). 푸트 공사가 이 저택을 구매할 당시 임오군란으로 인해 상당수의 민씨 일파가 살해되어 이들이 살던 집이 비어 있었다.

을 더해주었다. 용감히 참수당한 후 지금도 선명한 모습으로 때때로 경내를 돌아다닌다는 민씨 일가 사람들에 대한 무시무시한 이야기에는 여전히 긍지를 담은 관심이 녹아 있었다. 입에서 입으로 전해진 이야기에 의하면 벽 위의 지워지지 않은 핏자국이 그 이야기가 사실이라는 봉인을 찍어주었으며, 명예롭게 매장되지 못한 해골이나 머리 없는 뼈다귀들이 정원에 나타난다는 으스스한 이야기로 인해 더욱 확실하게 증명이 되었다. 공사는 그곳이 자신의 공적인 업무를 보는 데 적합하다는 것을 알게 되었고, 또한 아내와 마찬가지로 가정으로서 그곳이 줄 수 있는 로맨틱한 매력에도 관심이 갔다. 그는 서둘러 그곳을 개인 기금으로 샀다. 그의 정부는 기꺼이 그의 조치를 승인했고 돈을 상환하고 관저를 인계받을 의향을 공사에게 전했다.

'아름다운 언덕'이라는 뜻이 있는 '정동'이라는 이름의 그 부지는 나중에 '공사관 언덕'이라고 불린 구릉 위에 자리 잡고 있었다. 제대로 손질하지 않아 멋대로 자라난 잔디밭과 함께 잘 자란 나무가 많은 정원 터에는 꽃을 심을 공간도 마련되어 있었다. 일곱 개의 주 건물과 하인 숙소, 그리고 바깥채도 있었다.

일본의 장인(匠人)들이 적당한 가구를 선택하여 가지고 왔고, 이어 여러 차례 개조를 한 후 '정동'은 특별한 매력을 발산하는 아

름다운 관저로 탈바꿈했다. 정동이 지닌 옛 매력을 알아볼 예술적
인 감각이 있었던 푸트 여사는 그곳을 파괴하려는 손길을 막아내
고 건물 안팎의 동양미가 물씬 풍기는 건축의 세심한 부분까지 모
두 보존하자고 주장했다.[9] 특히 여사는 공사관 사무실과 응접실의
검고 묵직한 들보와 서까래를 아꼈다. 왕궁에서는 감사하게도 화
려하게 수놓은 병풍과 장식품들, 값비싼 화병과 사자·호랑이·표범
가죽, 분재와 아름답게 자란 꽃을 보내와 관저에 밝은 색과 환한
분위기를 더해주었다. 이 기분 좋은 친절로 외국인 여사는 자국(自
國)의 꽃씨가 담긴 가방을 꺼내야겠다는 생각을 했고, 때를 맞추
어 손수 심었다. 얼마 후 반갑게도 그 씨앗은 그녀의 보살핌에 걸
맞은 결과를 낳아서 종종 그녀가 왕족 친구에게 보내는 특별한 선
물이 되었다.

　동양 예술에 푹 빠진 푸트 여사는 진귀하고 아름다운 골동품
을 수집하기 시작했다. 그중에는 귀한 사츠마 도기[10] 몇 점과 오래

---

9 일설에 의하면 초대공사 푸트 장군의 키가 커서 실내에서 모자를 쓸 수 없다며 양옥으로
　신축할 것을 건의했으나 당시 플레밍 국무장관이 조선의 예의로는 실내에서 갓을 쓰지 않
　는다는 이유로 신축을 거부하고 조선 사람이 방문하기에 마음이 편한 구 한옥을 그대로
　사용토록 하였다는 일화도 있다(『서울특별시 서울 육백년사』 참조).
10 사츠마는 일본 규슈 남쪽 끝에 있는 반도이며 사츠마 도기는 임진왜란 때 끌려간 조선
　도공들에 의해 만들어지기 시작한 일본제 도기를 말한다. 저자는 아마도 조선 도자기와
　일본의 도기를 같은 것으로 생각하고 있는 듯하다.

된 등불, 중국풍 두루마기와 고대 자수품, 그리고 오래전에 잊혀진 공예품의 각종 기이한 견본이 있었다.

특별한 동양적 매력을 가진, 편안하고 접대하기 좋은 이 피난처는 믿을 만한 중국인 집사가 없었다면 완성될 수 없었을 것이다. 그는 영국신사 같은 태도에다 수많은 조선인 하인들을 질서정연하게 부릴 수 있는 능력까지 갖추고 있었다. 큰 키에 푸른색 문직(紋織) 두루마기를 발목까지 멋지게 차려입고 곧게 세운 등을 따라 조심스럽게 변발을 늘어뜨린 그 집사는 움직일 때나 가만히 있을 때나 장식품 그 자체였다. 경내에는 언제나 많은 수의 참새 떼가 있었고, 참새 떼와 시끄러운 소리를 내는 까치 떼는 모험을 좋아하지만 해는 주지 않는 살 오른 뱀들이 겁을 먹고 지붕 기와 사이에 있는 편안한 은둔처로 돌아가도록 만들었다. 어떤 조선인도 이느긋하게 똬리를 튼 '기어 다니는 소박한 형제들'을 해치거나 가지 못하게 막는 법이 없었다.

멀리 떨어진 숲으로부터 기다란 깃대가 확보되어 강물에 띄워졌다. 서울에 도착한 깃대는 꼬이고 굽은 좁은 도로를 잘 통과하다가도 가는 길에 장애물을 없애달라는 요구라도 하듯 여러 채의 작은 가옥들을 파손시켰다. 손상을 입은 이 집들에 대해서는 즉시 후한 보상금이 지급되었다. 그 깃대는 공사관의 본 뜰에 세워졌다. 많은 귀빈들이 참석한 가운데 남편의 요청에 따라 푸트 여사가 국기를 게양했을 때 앞날을 예견하듯 여사의 눈에 눈물이 가득 고였다. 그전에는 결코 생각해보지 못했던, 그들의 안전에 미치는 이 귀중한 상징물의 의미를 깨달았기 때문이었다. 국기는 미풍에 위엄 있게 흔들리다가 주름이 잡히기라도 한 듯 이내 조용해졌다.

그 미국인 숙녀는 즉시 동양의 외교관 생활에서 중요한 자리를 차지했다. 뛰어난 미모와 여왕 같은 자태는 그녀가 있는 곳이면 어디든 감탄을 불러냈다. 그리고 이러한 신체적인 매력은 점잖은 조선인들의 마음을 즉시 사로잡았던 여사의 열린 마음과 따뜻한 동정심이 외적으로 표현된 것일 뿐이었다.

그 후 쾌활한 입주민이 사는 다른 공사관들도 설립되었다.

푸트 장군이 서울에 자리 잡은 지 얼마 되지 않아 고종은 그의 제안에 크게 힘입어 두 명의 고위직 조선인과 적절한 수행원으로 구성된 특별대사를 미국에 파견했다.[11] 일행은 '트렌톤'이라는 배로 미국까지 갔다. 그들은 미국 수도에서 미국 국민들로부터 정중한 예의를 갖춘 환영을 받았다. 선진 문물을 공부할 열망에 차 있던

---

11 보빙사(報聘使)는 1883년 조선에서는 최초로 미국 등 서방 세계에 파견된 외교사절단이다. 정사(正使)에 민영익, 부사(副使)에 홍영식, 그 외에 수행원을 대동시킨 친선사절단은 태평양을 건너 샌프란시스코에 도착하고 미대륙을 횡단한 다음 워싱턴을 거쳐 뉴욕에서 미국 대통령 체스터 A. 아서와 회동하고 국서를 전하였다.

이 사람들은 모든 기회를 서둘러 포착했다.

은자의 왕국이 문을 개방한 이후 많은 야심찬 젊은 조선 양반들이 행정과 군사교육을 받고 견문을 넓히려는 진지한 목적으로 일본으로 건너갔다. 그리고 그들은 자유를 향한 목마름이 더욱 커진 채 돌아왔다. 큰 포부를 가진 이들 용감무쌍한 사람들, 공손하고 세련되고 상냥한 성격의 이 사람들이 미국인의 집으로 자주 몰려들었고, 그곳에서 그들은 서양의 사상에 고취되었다. 굶주린 이 영혼들이 안주인에게 수없이 많은 질문을 진지하게 던지면, 그녀는 그녀의 나라와 그 나라의 놀라운 정부조직, 신분이 높은 남자나 여자에 대해 생생하게 대답하여 이들이 이것을 듣고 무르익고 풍성해져 빛이 나도록 도와주었다. 국가적 자의식에 눈을 뜬 열성적인 학생들은 자신들의 이상을 추구할 용기를 키워주는 서구사상이라는 자극에 즉각적인 반응을 보였다. 어떤 정파의 대표든지 공사관은 편견 없이 친절하게 맞아주었다. 그러나 자기의 이익을 위해 혈족의 관습이나 옛 방식을 사용하는 데 만족을 느껴 아무것도 볼 수 없는 사람들에게는 동정이 갈 뿐이었다.

장군과 푸트 여사는 조선에서의 생활을 만끽하면서도 자신들이 쿠데타가 일어날 수 있는 위험한 분위기에 둘러싸여 있다는 사실을 알고 있었다. 세 당파, 즉 척화파, 수구파, 개화파가 항시 충돌

하고 있었고, 이들이 국내 문제로 다투다 생긴 분쟁은 걱정스러운 추측을 낳는 원인이 되었는데, 어떤 위험한 일이 발생하면 다른 나라가 끼어들 가능성 때문이었다. 조선은 극동에 위치한 나봇의 포도원[12]이었고, 권력을 쥔 왕후가 소유권을 주기로 이미 서명한 것이나 다름없다는 오만한 추정을 하고 있는 중국에 대해 일본과 러시아는 반감을 키우고 있었다. 예로부터 외교 무대는 법정이나 마찬가지로 음모를 꾸미기에 아주 좋은 장소였기에 그로 인해 때때로 폭력적이거나 야만적인 방식으로 공사관이 전복되는 일도 있었다. 그리고 그와 같은 거친 분쟁은 또다시 발생할 가능성이 언제든 있었다.

이 땅의 모든 매력 가운데 푸트 여사의 마음을 가장 심하게 흔든 것은 보수적인 왕후가 가진 매력이었다. 왕후는 서울을 길게 관통하여 오랫동안 출입이 금지되어왔던 도성[13] 안에 공사가 깃발을

---

12 나봇은 성경에 나오는 인물로 아름다운 포도원을 가지고 있었다. 아합 왕이 나봇의 포도원을 탐내었지만 나봇은 포도원을 팔기를 거부하였고, 이에 이세벨 왕후의 사주로 왕은 나봇을 죽이고 포도원을 몰수하여 자기 것으로 만들었다.

13 1392년 조선을 건국한 태조 이성계가 1396년 전국 각지에서 12만 명을 뽑아 도성의 성곽을 쌓기 시작하여 98일 만에 완공하였고, 도성의 전체적인 완공은 30년 정도 걸렸다. 수도 서울을 방어하는 성이자 왕의 궁궐을 보위하고 있어 가장 내부에 궁성인 경복궁, 그 바깥에 도성인 서울 성곽, 가장 외곽에 산성이 쌓인 삼중구조이다. 서울 성곽은 적의 공격에 대비한 성이기보다는 궁궐을 보위하고 수도를 상징하는 성이었다.

꽂고, 오만방자하게도 그녀의 대궐문 근처에 가족의 거주지를 정한 것에 이중으로 화가 나 있었다. 민비[14]라고 알려진 왕후는 옛날 세력가였던 민씨 집안 최고의 실력자였다. 알려진 바에 의하면 왕후의 혈통은 상당 부분 중국에서 나왔다.[15] 이 집안은 조선의 양반 집안 중에서 가장 많은 토지를 소유했으며 인원 수로도 양반 중에서 가장 많았다. 왕후마마는 강하고 의지가 굳은 성격에다 똑똑하고 위엄 있고 동양 전체를 통틀어 가장 머리가 좋은 여성으로 간주되고 있다. 왕후는 타협을 모르는 보수파에다가 대담무쌍한 지도자였고, 왕좌 뒤에 있는 실세였다. 비록 그녀를 깊이 사랑하는 왕이 비밀스럽게 개화파에게 호의를 보내고 있다고 믿어지기는 하지만 말이다. 또한 그녀는 유교에 심취한 학자일 뿐만 아니라 정부 문제를 다루는 데 통달했고, 모든 조선의 정치적인 위기 상황마다 눈에 띄는 인물이었다. 민씨 일가는 중국의 왕족과 사적인 관계를 유지하며 지냈는데, 아름다운 의복을 사랑한다는 점에서 중국의 왕실 여성들과 마찬가지였던 왕후는 중국의 파리라고 부를 만한 베이징(北京)에서 베틀뿐 아니라 자수전문가로부터 가장 화려하고

---

14 명성황후.

15 민씨 집안은 모두 본관이 여흥(驪興)이며 여흥 민씨의 시조는 고려 중엽 중국에서 사신으로 왔다가 귀화한 민칭도(閔稱道)이다. 흥선대원군의 어머니와 아내도 여흥 민씨 집안 출신이었으며, 1880년대 당시에는 중앙 및 지방관직에 진출한 민씨 일족이 260명에 달했다고 한다.

멋진 고급의상을 사왔다.

미국 공사는 자기 아내가 이 멋진 사람과 만나지 못하게 막혀 있다고 생각했다. 왕후는 자기 나름의 불변의 법을 가진 것 같았는데, 지금 그것을 겁 없이 행사하여 조선 대궐에 처음으로 파견된 서양인 대사 부인에게 응당 갖추어야 할 예의를 단호히 무시함으로써, 통용되는 외교 관례에 도전하고 있는 것이었다.

그 미국 여인은 이 대담하고 교만한 권력자에게 상당히 끌렸고 그녀를 만나겠다는 희망을 결코 포기하지 않았다. 그와 같은 성격을 형성하고 그런 행동의 방향을 정하는 데 강력한 영향력을 끼친 요인을 생각해보면 그 보수파 왕족이 서양인에게 통렬한 불신을 가진 것이 이상하지만은 않을 것이다. 외국인 침입자가 조선에 용서할 수 없는 모욕을 가한 것 중에는 금과 값비싼 도자기, 값나가는 보물을 미친 듯이 찾아다니다가 옛날 왕들의 신성한 무덤을 파헤친 일도 있었는데, 그 일행 중에 미국인들도 끼여 있었다고들 한다.[16] 푸트 여사는 조상에게 바치는 제사가 경이롭고 신성한 의식

---

16 1868년 독일인 오페르트(Oppert)와 그의 일당이 대원군의 조부 남연군의 묘를 도굴하려다 미수에 그친 사건을 말한다. 이들은 통상을 요구하며 이런 만행을 저질렀고 당시 덕산주민들에게도 발포했다. 오페르트 일행 중에는 미국인 젠킨스(Jenkins)도 가담하고 있었다. 1866년에 일어난 제너럴셔먼호 사건과 함께 이 사건은 조선의 외국인에 대한 불신과 반감이 깊어지는 데 일조했다.

인 나라에서 그 같은 신성모독을 저지른 데 대한 격노에서 비롯된 왕후의 행동에 동정 어린 이해를 할 수 있었다.

이 의지가 굳은 인물을 알고자 하는 바람에는 호기심이나 어떤 개인적인 목표를 넘어서는 목적이 있었다. 자신이 확신한 것에 매우 충실하며 더불어 악행조차 서슴 없이 감행할 엄청난 능력까지 갖춘 역동적인 지성인은 음모나 잔인한 행동을 정당화하는 일에 몰두하다가도, 어느 순간 상황이 변하면 똑같은 힘을 자신의 민족을 위해 선한 일을 하도록 바뀔 수도 있다고 여사는 믿었다. 어쨌든 그녀는 기다릴 수 있었다. 한편, 이 특별한 민족이 여사에게 열정적인 관심을 불러일으켰기에 푸트 여사는 종종 사다리 위에 올라가 바깥채 벽 너머 북적이는 거리의 분주한 전경에서 보이는 일상과 지방색을 관찰했다. 일터에서 원시적인 방식으로 열심히 일하는 남자와 여자들, 굶주린 아이들과 그들의 비참한 가난과 불행은 여사에게 진지한 물음표를 던졌다.

그러던 중 여사는 대사관 정문 앞에서 목적 의식이 분명한 박애정신을 행사할 장소를 발견했다. 여사는 서른 명의 하인과 그 외 다수의 이해력 빠른 조선인들에게 신앙을 키워주는 동시에 실용적인 것을 가르치는 일에 자신의 시간을 할애하며 큰 기쁨을 느꼈다. 공사관 언덕 주변에 사는 비참한 빈민들도 빼먹지 않고 지속적이고 자애롭게 돈과 땔감, 음식과 여러 가지 도움을 전했다. 동시에 그녀는 아픈 사람을 돌보고 상처를 싸매는 일까지 했다. 여사는 동양인들에게 이솝우화가 호소력이 있다는 흥미로운 사실을 알아내고 기꺼이 자신이 아는 이야기를 전해주었다. 신분이 낮은 사람들이 잊지 못할 일 중 하나는 공사관에서 일하던 소년이 난방구역에서 기절한 사건이었다. 그는 동료 하인들에게 발견되었는데, 동료들은 그들의 선한 친구가 도와주리라는 것을 확신하고 여사에게 달려갔다. 여사는 급하게 뛰어와 이미 배운 지식대로 소년의 입에 관을 넣고 소년이 숨을 다시 쉴 때까지 끈기 있게 폐에다 공기를 불어넣었다. 이 이야기와 함께 그 이방인의 넓은 마음을 보여주는 다른 일화들은 널리 퍼졌고 결국 대궐까지 닿았다. 그 요란한 소문은 대궐에서, 특히 왕후마마를 측근에서 직접 모시는 여인들을 매혹시켰다. 그들이 사는 곳은 단조롭고 무미건조한 삶에 새로운 활력을 불어넣는 흥분으로 메아리쳤다. 더욱 놀랍고 신기한 것은 그 외국인 여성이 젊은 조선 양반들에게 끼친 영향에 관한 이야기였다. 이들 젊은 양반들은 미국 공사관의 응접실에서 여사 주변에 모였고, 뚜렷해진 비전과 새롭게 타오르는 이상을 안고 집으로 돌아갔다. 그러나 필요하다면 공포를 불러낼 수도, 반역으로 몰아 곧바로 목을 칠 수도 있는 위세 높은 왕후가 항간에서 사람들이 떠들어대는 잡담에 귀를 기울여 자신의 권위를 해치리라고는 여겨지지 않았다. 하지만 실제 왕후는 크나큰 관심을 가지고 그 매혹적인 소문을 한마디도 놓치지 않고 듣고 있었고, 그 뭔지 모를 혁신에 대해 곰곰이 생각하다가 호기심과 질투심이 타오르다 못해 침입자가 휘두르는 마술지팡이의 비밀을 캐고 싶은 욕망이 몰려오는 지경에 이르렀다.

이런 신경 쓰이는 소식을 궁궐로 옮긴 사람들은 남성이었다. 그런데 그 영민한 최고권력자는 조선 혈통이든 외국 혈통이든 간에 별로 다를 게 없는 여자의 마음을 측량하는 데 있어 남성의 능력을 신뢰하지 않았다. 황송하게도 그녀 자신이 그 발칙한 여자를 직접 살펴볼 의사는 없었고, 더군다나 발 사이로 넌지시 훔쳐볼 수도 없는 일이었다. 하지만 어떤 비상한 방법, 즉 믿을 만한 동성(同性)의 예리한 눈과 분석적 두뇌를 통해 푸트 여사에 대해 알아볼 생각은 있었다. 이런 태도의 변화에 뒤이어 왕후는 조심스럽게 상황을 살피다가 결국 몇 명의 상궁을 미국 공사의 부인에게 보내 조선 왕후의 안부를 전하는 일을 착수하게 하고 채비를 갖추게 했다.

왕은 왕후가 미국 숙녀에 대한 태도를 바꾸는 것을 보고 밖으로 빤히 드러나는 기쁨을 감출 수가 없었다. 미국 공사와 부인도 깊은 감동을 받았다. 대궐에 사는 모든 거주민들은 중요한 심부름을 준비한다며 부산을 떨고 그로 인해 흥분해서 웅성거리는 소동을 느낄 수 있었다. 정말이지 그들이 사는 대궐의 독재자가 내린 놀라운 결정에 대한 소식이 처음으로 들려왔을 때에는 대궐의 모든 조직이 거의 마비되다시피 했었다. 그러나 그 놀라운 사실을 잘 이해하게 된 순간 그곳의 모든 생물체가 공사관 방문의 성공을 위해 일하는 한 구성요소라도 된 듯 순조롭게 일을 진행해나갔다.

제 3 장
알현

보수적인 왕후는 상궁들을 보내 공사관의 부인을 방문하도록 한다. 왕후가 그 서양 여성을 만나기로 결심한다. 푸트 여사가 대궐을 방문한다. 손님에 대한 왕후의 태도가 누그러진다.

사절단이 출발하기로 정해진 시간이 되자 왕후의 총애를 받던 상궁들이 화려한 의상을 입고 각자의 가마로 올라탔다. 그들의 양쪽에는 경호대가 열 지어 서 있었고, 귀하신 여인네들은 칙칙한 거리에 밝은 빛깔과 잔치 분위기를 덧입히며 탐험이라고 할 만한 낭만적인 심부름을 하러 전진했다. 그 와중에 남자, 여자, 어린아이들의 무리가 그들이 가는 길의 양쪽에 서서 대궐에 사는 사람들을 가까이에서 쳐다보는 기쁨을 즐기고 있었다.

미 공사관에 도착해 이 명랑한 나비부인들이 자신들이 타고 온 작은 가마에서 내리자 푸른 잔디밭이 환해졌다. 그것은 신세계로 발을 내딛는 것이었다. 그들 머리 위 높은 곳에서는 이미 소문으로 들었던 빨강·파랑·흰색으로 된 아름다운 깃발이 휘날리고 있었다. 경이롭게 올려다보긴 했지만 상궁들은 미국 부인이 국기를 게양하는 성스러운 의식을 중요하게 생각하는 것이 이해되지 않았다. 곧 닳아빠질 빛깔 고운 천 조각에 불과한 물건이 어떻게 그렇게 멀리까지 강한 힘을 행사할 수 있다는 것인지 이해하기가 어려웠다.

이 우아한 여인들은 걱정스럽고 두려운 마음으로 미국 공사 부인을 만났다. 비록 부인의 위엄 있는 자태에 기가 죽긴 했지만 이들은 통역관을 통해 중요한 환영의 메시지를 조심스럽게 전했다. 그러나 푸트 부인의 상냥하고 정중한 대답에 이들의 긴장은 즉시 풀렸고 보다 자유롭게 말할 수 있는 용기도 생겼다.

안주인이 왕후에게 존경을 표하는 정중한 인사를 하자 이들의 기분은 나아졌고, 여사의 말에서 모든 미국 여성들이 상냥한 마음으로 동참하고 있음도 확신하게 되었다. 인사를 하고 난 후 집과 친척으로부터 멀리 떠나 있는 외로운 여인을 왕후마마가 생각해주시는 데 대한 감사의 말과 안부를 전해준 손님들에 대한 개인적인 고마움의 표시가 이어졌다. 그리고 나서 여사가 여느 미국인들처럼 마음을 끄는 순박한 태도로 상궁들에게 거실을 보여주자 이들은 큰 관심을 보이며 즐거워했다.

여사의 착한 마음이 부리는 마술에 꼼짝하지 못하게 된 방문객들은 작별 인사를 하고 난 뒤, 기대심에 몸이 달아올라 안채를 거닐고 있었던 그들의 위풍당당한 여주인에게로 돌아갔다. 비록 왕후가 화를 낼까봐 두렵긴 했지만, 그 친선사절은 신이 나서 진귀한 경험에 대해 말하지 않을 수가 없었다. 유심히 말을 듣고 있던 왕후는 이들이 쾌활하고 대담한 기분을 자제하지 못하는 것을 보며 자신의 뜻에 순순히 복종하던 사람들이 한 명의 대단한 인물이 가진 힘과 접촉한 덕분으로 자유에 감염되어 새로운 삶의 분수를 맘껏 들이켠 것은 아닌가 하고 생각했다. 그것은 경악할 일이었다. 왕후는 이 사람들을 부추긴 사태에 대해 분노를 느끼며 생각에 잠겼다. 그 후 며칠을 그 문제에 대해 생각하고 난 뒤 놀랍게도 그녀의 여성적 사고력의 한 귀퉁이에서 분노는 보다 긍정적인 생각에 슬며시 자리를 내어주었다. 타고난 편견과 보수주의적 성향에도 불구하고 그 위대한 조선의 권력자이자 지성인은 깊은 통찰력과 폭넓은 영향력을 가진 그 흥미로운 침입자가 위협이 되기보다는, 왕후로서 고립되어 위험한 생활을 하는 자신에게 도움이 될 수도 있다는 사실을 자각하기 시작했다. 이 미묘하게 마음을 어지럽히는 생각에 자극을 받은 왕후는 스스로를 동양의 실세로 만들어놓은 집행력을 휘둘러 어떤 외부의 적도 무자비하게 쓸어버릴 때처럼 지금까지 자신이 소중하게 여겼던 장벽을 단번에 걷어 버리기로 결심했다. 그리고 그 서양 여성에 대해 직접 판단을 내리기로 마음을 풀었다.

미국 공사 부인은 이 혁명적인 결단의 결과로 왕후를 알현하게 되었다는 경사스런 소식을 듣게 되었다.

불굴의 권력자가 자신의 확고한 태도에서 물러섰다는 놀라운 소식은 미국 공사관에 엄청난 흥분을 불러일으켰다.

예정된 날에 왕후마마는 좋은 나무로 만들어 금칠을 하고, 아름답게 채색한 돌로 양각을 한, 자기 소유의 우아하기 그지없는

국왕 경호대의 호위 하에 왕실 가마꾼이 나르는 왕후의 가마에 앉아 대궐로 향하는 푸트 여사.

1인용 가마를 귀빈을 위해 보냈다. 그 가마의 위쪽 모퉁이마다 금칠을 한 유교식 십자가 문양이[17] 있었다. 창문에는 옛 방식으로 정교하게 장식하고 직접 손으로 색을 칠한 유리가 끼워져 있었다. 내부는 널판을 넉넉하게 대고 금빛 문직(紋織)을 여러 층으로 깔아 푹신했다. 가마는 마치 커다란 보석함 같았으며 장미를 담은 화병처럼 향기로웠다. 왕실 가마호송꾼들이 번갈아가며 그녀를 수송할 예정이었고 왕은 호위를 위해 자신의 경호대를 보내주었다.

왕궁의 접견에 걸맞은 의상을 입고 가기를 원했던 푸트 여사는 이 특별한 행사에 맞추어 귀한 레이스로 아름답게 장식한 값비싼 드레스를 입었다. 그러나 여사는 가마의 앞문을 완전히 열었음에도 불구하고 비싼 드레스 자락을 심하게 구기지 않고서는 옷을 집어넣는 데 어려움이 있다는 사실을 알게 되었다. 장군은 자리를 잡아보려고 애쓰는 여사를 즐겁게 바라보았다. 두 사람 모두 언제나 어떤 상황이 만들어내는 재미를 잘 알아차리는 편이었다. 그래서 부인은 남편의 장난꾸러기 같은 눈초리를 재빨리 간파하고, 호송 수단으로 표현되는 동양의 제약에 넓은 옷으로 표현되는 서구 문명을 집어넣으려는 노력을 잠시 멈춘 뒤 이렇게 말했다.

---

17 아마 완자문양을 말하는 것으로 추측된다.

"루시우스, 내가 여기서 어쩔 수 없이 나가야만 한다면 시작치고는 꽤 고약하게 되겠지요?"

호탕하게 웃고 난 뒤 공사는 대답했다.

"여보, 로즈, 그건 당신답지 않은데. 차라리 뭘 수를 쓰든지 뒷걸음으로라도 들어가도록 애써봐요."

그래서 여사는 어린 하녀의 헌신적인 도움을 받고 스스로도 노력을 배가하여 골칫덩어리 의상을 주어진 공간에 맞추어 넣고 자신도 향기로운 방석에 자리를 잡았다. 그러자 여사의 화려한 옷자락에서 공작새가 꼬리를 펼칠 때와 같은 사각거리는 소리가 났다. 그녀의 남편은 부인이 기대심에 흥분되어 통역관, 일본인 하녀와 함께 극동에서 가장 위대한 왕후를 만나러 출발할 때, 눈을 반짝이며 감탄하는 눈초리로 그녀를 바라보았다. 미국 공사는 여사가 공사 자신의 재주로는 알아낼 길이 없는 그 위풍당당한 여성의 심중에 대해 곰곰이 생각하는 모습을 응시했다. 그 위세 높은 조선 여성의 태도가 미심쩍긴 하지만 예상치도 못했던 이런 정책 전환이 미래의 향방에 어떤 의미를 가질지 추측하는 것은 공사 자신의 외교적인 통찰력을 벗어나는 일이었다.

오래된 거리에는 수놓은 커튼을 쳐 열린 곳이라고는 바깥을 볼 수 있는 작은 구멍밖에 없는 의자에 숨어 있는 외국인을 힐끗이라도 보려고 수천 명의 사람들이 모여들었고, 그들 중 재빠르게 가마 밑으로 기어들어갔던 많은 사람들이 끌려나와 매를 맞아야만 했다.

대궐 터는 여름용과 겨울용 건물이 3천 에이커를 차지하고 있었고,[18] 수천 명의 사람들이 그곳에 기거하며 왕족의 시중을 들었다.

귀빈이 대궐 정문에 도착하자 마법지팡이를 흔들기라도 한 듯이 문이 열렸다. 경비대를 지나 부인은 어떤 서양 여성도 꿈꾸지 못한 황홀한 땅으로 들어갔다. 부인은 새가 날갯짓이라도 하듯 치마를 펄럭이며 여러 아름다운 문을 급한 발걸음으로 지나 만화경과 같은 경치로 가득한 공원으로 들어갔고, 마침내 응접실에 다다라 전실[19]로 들어갔다. 전실 뒤에는 왕과 왕후가 옆에 왕자를 대동하고 왕좌에 앉아 있었다. 푸트 여사는 고개를 들고 위엄 있고 우아하게 앞으로 나아가 규정된 일련의 문안을 드렸고, 그녀가 다가갈 때 이미 왕좌에서 일어나 있었던 위풍당당한 왕과 왕후 앞에

---

18 경복궁은 조선의 건국과 함께 창건되었고, 임진왜란 때 전소되어 폐허로 남아 있다가 흥선대원군에 의해 1867년 이후 대규모로 중건하였다. 그 규모는 7,225칸 반이며 후원에 지어진 융문당(隆文堂) 이하의 전각도 256칸이고 궁성 담장의 길이는 1,765칸이었다. 궁궐이 완성되고 나서 1868년에 왕은 경복궁으로 거처를 옮겼다. 그러나 1895년에 궁궐 안에서 명성황후가 시해되는 사건이 벌어지고, 왕은 옮겨온 지 27년째인 1896년에 러시아 공관으로 파천하게 된다.
19 응접실 앞의 대기실.

마침내 섰다. 그들은 호화로운 공복(公服)을 입고 있었다. 왕은 왕족의 색깔인 붉은색 비단으로 만든, 두루마기[20]라는 값비싼 코트를 입고 있었다. 왕후마마는 길게 굽이치는 푸른색 비단치마와 정교하게 수놓인 재킷인 노란 비단 저고리를 입고 호박과 진주로 만든 단추로 앞을 여몄다. 그녀의 갈까마귀 같은 검은 머리카락은 눈길을 끄는 얼굴로부터 반듯하게 뒤로 넘겨져 목 뒤쪽에 바퀴모양으로 단단히 감겨 있었다. 이 바퀴모양의 머리는 정교한 금세사가 입혀진 보석으로 장식되어 있었다. 놀랍다고 할 수는 없지만 동양적인 매력이 물씬 풍기는 복장은 전체적으로 조화로웠으며 완벽한 취향을 보여주는 것이었다. 왕족의 신분을 표시하는 우아한 보석으로 치장한 장식물이 그녀의 잘생긴 머리 위에 얹혀 있었다. 그녀의 옆구리에는 길고 화려한 금술이 달리고 금세공이 된 보석으로 만든 장신구가 여러 개 매달려 있었다.

두 여인이 서로 마주 보고 있을 때 잠시 정적이 흘렀다. 각자 진지하게 상대방을 탐색하는 것 같았다. 그 외국인 부인의 위엄 있으면서도 동시에 예의 바른 모습을 보고 위풍당당한 조선의 황제 내

---

20 원본에 투라마치(touramachi)라고 적혀 있는 것은 저자가 두루마기를 잘못 듣고 옮긴 것이다. 여기서 두루마기란 왕의 곤룡포를 이르는 말. 저고리 역시 원본에는 초저리(chogerie)라고 잘못 옮겨 적고 있다.

외는 은근한 놀라움과 존경심이 차올랐고, 또한 푸트 여사도 위압적인 자세와 꿰뚫어보는 듯한 눈을 가진 왕후가 굳이 직함을 대지 않아도 그녀가 휘두르는 힘이 어떤 것인가를 확실히 알 수 있었다. 잠시 시간이 지체된 후 미국인 귀빈은 수세기 동안 내려온 복잡한 동양식 대궐 예절에 맞춰 환영을 받았다. 왕과 왕후 그리고 왕자가 차례차례로 환영인사를 했고, 미국 공사의 부인은 미처 예상하지 못하리만큼 상냥하고 정중하게 답례했다. 놀랍게도 왕후는 곧 이러한 부인의 태도를 보고 조심스럽게 자신의 형식적인 태도를 다정함이 어린 태도로 바꾸었다.

이 상서로운 만남으로 분명 그녀는 상궁들이 그 외국인에 열광하는 것이 잘못이 아니라는 결론을 내리게 된 것이다.

그리고 여기에서 비극적인 상황을 겪으며 진지한 애착으로 무르익었던 교제가 시작되었다.[21]

푸트 여사의 대궐에서의 알현은 왕후에게 심리적으로 강한 인상을 남겼다. 이러한 최근의 만남으로 질투와 적대감이 상당히 완화된 왕후는 새로 온 이 사람과 좀 더 가깝게 사귀고, 사실상 여사에 대해 알고 싶다는 생각이 자꾸 떠올랐다. 왕후는 무언가 설

---

21 1884년에 터진 갑신정변으로 민씨 일가가 실각하였으나 청의 개입으로 쿠데타 세력인 급진 개화파가 진압되는 사건이 터진다.

득력 있는 미묘한 감정이 좀 더 깊은 교제를 하도록 자신을 내몰고 있다고 느꼈다. 법에 의해 최고 권력을 부여받은 왕후 자신은 자신의 완고한 방식으로는 결코 얻을 수 없었던 부드러운 위엄을, 인력으로 부여받은 권력 없이도 효과적으로 자신의 생각을 펼치는 이런 유의 겁 없고 자유로운 서양 여성을, 면밀히 관찰할 기회를 가지기 원했다. 머릿속에서 상당한 혼란을 겪은 후에 이 지략이 넘치는 최고 권력자는 온 나라가 놀랄 정도로 급격히 대궐의 행사 정관을 혁신할 생각을 해냈다. 그 계획안은 미국 공사 부인을 위한 원유회를 대궐 마당에서 여는 것이었다. 이 극동의 나라는 어느 때와도 비교할 수 없게 원유회에 관심을 기울였고, 원유회를 위한 식재료는 풍성하게 준비되었다. 놀라운 예술 작품으로 장식된 왕궁 소유지 전체가 국왕의 명령에 의해 흠잡을 수 없을 만큼 말끔하게 단장되었고, 여러 예술가들이 최선을 다해 자신이 가진 재능을 쏟아부었다. 멋지게 갖추어진 무대에서의 최고로 매혹적인 연회가 이전의 어떤 행사에서도 볼 수 없었던 엄청난 스케일로 제공될 것이었다.

제 4 장
궁궐 연회

왕후는 미 공사 부인을 위해 성대한 원유회를 열었다. 아름다운 궁궐과 진기한 동양식 환대를 엿볼 수 있다.

주빈으로 초대받은 여사는 특별 대우를 통지받고 뛸 듯이 기쁘고 자랑스러웠지만, 곧 여사 특유의 사심 없는 겸손으로 환대를 받아들였다. 물론 처음에 여사는 자신이 승리했다는 자부심으로 인하여 기뻐했다. 하지만 이 일이 진정 자신이 한국으로 다가갈 수 있는 길을 밝혀주는 희망적인 징조라는 생각이 들자 뛸 듯이 기뻐하는 마음속에 있었던, 나쁘다고만은 할 수 없는 자만심은 사라져버렸다. 작금은 서구의 여자 선교사들이 이 땅에 진출하고 있는 시기이다. 여사를 고집스럽게 싫어했던 권력자와 자유롭게 대화를 나눌 수 있었던 지난번 리셉션에서 한 발짝 더 나아간 이번 행사를 미국 공사 부인은 자신의 기도에 하나님이 응답하신 것이라고 생각했다. 일반적으로 외교 관례가 지켜지고 왕후의 호기심도 충족되는 것으로 그 고고한 분과 여사와의 만남은 끝나리라는 견해가 우세했었다. 그러나 푸트 여사는 직감적으로 그렇지 않으리라는 것을 느꼈다.

특별한 관심을 쏟아야 할 중대 소식에 들뜬 미 공사관은 고위직에서 하위직에 이르기까지 기쁨을 표하는 데 아낌이 없었다. 심지어 장군도 평소답지 않게 흥분하여 자기 아내가 여자들만이 아는 암호 비슷한 외교술을 어디서 배운 게 틀림없다고, 그게 아니라면 이 엄청난 행운은 알라딘의 램프를 숨겨놓고 여사가 동양의 마법을 부리는 것일지도 모른다고까지 말했다.

그 후 여사가 왕실을 출입할 때 왕실 가마와 국왕 경호대는 또다시 푸트 여사의 명령을 받게 되었다. 여사가 가는 행렬이 얼마나 대단했던지 길을 내기 위해서 혹독한 수단까지 동원해야 했다. 군중들이 궁궐 문 앞에서 바라보고 있는 가운데 문이 열리자 장식 없는 값비싼 관복을 입은 이백 명의 내시들이 저 멀리까지 열지어 서서 멋진 색깔로 환하게 빛나는 모습이 보였다. 그녀는 에덴동산 같은 숲속으로 안내되었고 그곳에서 살구나무, 자두나무와 벚나무가 여사의 휘둥그레진 눈과 마주쳤다. 국화꽃과 그 밖의 화려한 꽃들이 햇살 바른 언덕에 한 줄로 심어져 있었고, 여기저기에는 부드러운 잔디밭이 길게 펼쳐져 있었다. 가마에 편안하게 올라 조금 더 위쪽으로 가니 붉은색과 금색으로 칠한 탑들과 선명한 색깔의 기와를 화려하게 얹은 누각이 높이 솟아 있었다. 넝쿨진 높은 벼랑에는 다실(茶室)이 자리를 잡고 있었고, 작은 인공섬에는 자그마한 불당같이 생긴 건조물이 있었는데, 밝은 녹색과 금색으로 된 기와와 주변을 둘러싼 나무들이 깨끗한 호수 위에 비치고 있었다. 멀리 현악기에서 나오는 곡조는 북과 징소리와 어울려 때때로 군가처럼 높게 울려 퍼졌다. 화려한 깃털을 뽐내는 새들이 보석처럼 반짝이며 나무꼭대기 사이를 날아다녔지만, 그래도 가장 아름다운 장식은 잔디밭 여기저기에 흩어져서 조선 예복이 가진 뛰어난 아름다움을 양껏 보여주고 있는 궁중의 여인들과 지체 높은 수백 명의 귀부인들이었다. 신세계에 발을 디딘 이 미국 부인은 이들의 매력에 넋이 나가 궁궐에 도착해서도 꿈 같은 천국의 향취에서 헤어 나오지 못했다.

왕과 왕후는 지난번 배알할 때보다 격식에서 훨씬 더 벗어나 다정하게 여사를 맞이했다. 왕후는 엄청나게 비싼 옷을 입고 있었는데, 비싼 옷감과 수는 진귀한 진주로 더욱 빛이 났다. 개성이 강하지만 지금은 누그러진 것 같은 왕후의 태도를 보고 푸트 여사는 가슴이 뭉클했다.

위엄 있는 왕후는 연회에 참석하여 궁녀들이 쉴 새 없이 시중을 들고 있는 이 낯선 부인에게 상당한 호감을 보여줌으로써 새롭고 혁신적인 출발을 하게 되었다. 순진하고 어린 궁녀들은 솟구치는 호기심으로 들떠 있었다. 몇몇은 부인이 봐도 된다는 표시를 하자 부인이 흰색 산양가죽 장갑을 벗을 때 마음 놓고 손가락질하며 살갗도 같이 벗겨지는 것이 아닌가 걱정스럽게 바라보다가 이내 장갑을 돌려 보며 어린애 같은 자신들의 손을 장갑 안으로 넣어보기도 했다. 그들은 푸트 여사의 다이아몬드 장식품은 물론이고 여사의 흰 팔과 손도 조심스럽게 만져보았다. 그들은 부인이 한 짐이나 되는 불편하고도 호화로운 옷을 입고 어떻게 움직일 수 있고 허리를 쥘 수 있는지, 또한 부인이 어디서 그렇게 자신을 희게 만들어주는 화장품을 구했는지 궁금해 했다. 그들은 무슨 말이라도 믿을 만큼 천진난만했다. 궁궐의 독재자인 왕후는 이 모든 것을 흥미롭게 바라보고 대화를 열심히 경청하면서 이 서구인을 면밀히 관찰했다. 왕후에게 있어서 푸트 여사는 매혹적이면서도 쉽게 파악할 수 없고, 볼수록 경탄스러울 따름이었다. 대화를 이어가면서 여성들 간의 국제 신호법이라고 할 몸짓으로 빠르게 생각을 주고받으며 왕후는 지금까지 남아 있던 모든 적대감이 사라지고 뭐라 말하기 힘든 사모의 감정이 빠르게 싹트는 것을 느꼈다.

이러한 감정이 싹트는 것은 사리 분별이 분명하고 방해받지 않고 세상을 바라볼 수 있는 사람들만이 아는 무엇인가를 왕후가 느꼈기 때문은 아닐까? 왕후는 신중하게 행동했고 너무 친숙한 척하지 않으려고 조심스럽게 경계했다. 그러나 정중한 서양 여성의 진실성에 마음이 녹은 왕후는 금지의 벽을 허물어버리고 서로 마음이 가는 대로, 혹은 생각나는 대로 기분 좋게 말하기 시작했다. 왕후의 태도가 이렇게 변하자 얼굴에서 밝은 아름다움이 배어 나왔다. 푸트 여사는 왕후가 지식과 지성 그리고 깊이 간직해온 재치를 드러내는 것이 기뻤고, 얼마 지나지 않아서 왕후가 지금껏 상당히 잘못 알려져왔고 오해받아왔으며 실제로는 고상하고 자애로운 영혼을 가지고 있다는 것을 확신하게 되었다.

이 즐거워하는 손님에게 이곳저곳의 독특한 유흥거리가 안내되었다. 탑에 앉아 있는 악공들에게서는 음악이 흘러나왔다. 호숫가 한쪽에서는 커다란 연꽃 봉오리가 벌어지더니 벌거벗은 아이가 나타났고, 뒤이어 그 아이는 기다리고 있던 엄마의 벌린 팔 안으로 넘겨졌다. 호수에 떠 있는 돛단배에는 갑판 위에서 춤을 추고 있는 꽃 같은 소녀들을 가득 태우고 있었는데, 그들은 율동과 아름다운 자태로 역사적인 이야기를 표현하고 있었다. 그리고 상상력을 선명하게 자극하여 통역관 없이도 다 알아들을 수 있는 여러 편의 훌륭한 단막극도 상연되었다. 웃기게 생긴 키 작은 곡예사들은 물구나무를 서거나 나뭇가지에 매달리기도 했다. 막간에는 호수 한가운데에 있는 섬의 등나무 차양 아래에 설치된 다실에서 동양식 음료수가 제공되었다. 그 호수에는 붉게 칠한 돌다리가 놓여 있었고, 물속에는 연꽃이 가득 피어 있었다.

낭만적인 장관과 휘황찬란한 아름다움을 갖춘 그날의 연회는 이 고요한 아침의 나라에서 배설된 어떤 연회도 따라올 수 없는 그런 것이었다.

푸트 여사가 막 떠나려고 할 때 상기된 얼굴의 왕후는 여사가 조만간 다시 방문하길 바란다는 희망을 표했고, 이 연회가 의례적인 것이 아닌 여사에 대한 애정의 표시로 마련된 것이라는 점을 특별히 강조했다. 성공적으로 일정을 마친 우리의 비공식 외교관은 싹트고 있는 이 우정에 대한 궁금증이 활활 타오르는 상태로 집으로 돌아왔다.

제 5 장
갑신정변

정부 연회에서 정변의 신호가 울리다. 푸트 장군이 부상당한 대궐의 총신(寵臣)을 구출한다. 국왕은 장군과 푸트 여사에게 궁궐에서 안전하게 있으라고 간청하지만 미국 공사와 부인은 자기 나라의 깃발 밑에 계속 머무른다. 반역으로 타오르는 서울. 민중들이 불굴의 용기로 미국 공사관이 파괴되지 않게 구한다. 외국인 거류민들이 서둘러서 개항장으로 간다. 외국인 대사들이 제물포에 집결한다. 푸트 여사는 왕후의 요청에 의해 홀로 서울에 남는다. 동료라고 할 깃발과 함께 여사는 기나긴 불침번을 선다.

그러나 정치적인 음모가 무르익는 중이었다. 중국이 서울 성벽 안에 대규모 병력을 주둔시켜 엄청난 군사력을 과시하고, 또한 일본이 새로 지은 공사관을 보호할 필요성에 대비해 보충 병력을 준비하고 있는 것은 심각한 사태였다.

금방이라도 터질 것 같은 팽팽한 긴장감은 놀랍고도 끔찍한 방식으로 기어이 터지고 말았다. 그날은 우정국 수장이 정성스럽게 마련한 파티가 열렸던 1884년 12월 4일[22]이었다. 참석한 조선인들 중 유력한 인사로는 특명대사로 미국을 다녀왔던 민영익 공

---

22 이날 약 2주 전에 문을 연 우정국의 개통 축하파티에서 갑신정변이 발생했다.

루시우스 하우드 푸트 장군.

(公)[23]이 있었다. 불과 몇 년 전에 발생한 반역[24]의 와중에서 그는 힘든 시기를 겪었는데 당시 그는 목숨을 구하기 위해 자신의 머리를 밀고 승려로 가장하여 다른 나라로 망명을 해야 했다. 한편 그의 고모인 왕후는 궁녀와 옷을 바꿔 입고 도피했으며 그로 인해 왕후로 가장했던 궁녀는 죽임을 당했다. 그 후 왕후는 의기양양하게 다시 권좌로 돌아와 직접 내각을 짰다. 민영익 공은 보수파의 일원이자 왕실이 총애하는 사람으로 엄청난 부를 축적하고 있었고, 국왕 다음의 입지를 구축하고 있었다. 모든 국가의 외교사절이 연회에 참석했고, 조선 귀족들은 특히 정성들여 염색한 공복을 단정하게 갖춰 입고 있었다. 그때 갑자기 '불이야' 하는 소리가 났다. 그것은 특정 손님들만이 알고 있는 신호였고, 그 손님들은 즉시 본색을 드러냈다. 음모가 있는 게 아닌가 의심하고 있던 사람들 역시 전깃불이 켜지듯 사태를 알아차리고 대경실색하여 온힘을 다해 달아났다. 이런 극적인 사태를 처음 겪는 일이 아니었던 민영익

23 조선 말기 민씨 외척 정권의 중심인물이자 명성황후의 조카. 미국 공사 푸트가 조선에 부임하자 보빙사의 정사 및 전권대신이 되어 사절단을 이끌고 미국을 방문하였다. 1884년 김옥균 등 급진 개화파가 갑신정변을 감행할 때 가장 먼저 자객의 기습을 받아 중상을 입었으나 독일인 묄렌도르프에게 구출되어 미국인 의사 알렌에게 치료를 받고 구사일생으로 살아났다.
24 임오군란. 1882년 발생.

공은 '불'이라는 소리가 가진 은밀한 의미와 자신에게 닥칠 위험을 재빨리 알아차리고 궁궐 마당으로 뛰어나갔지만 음모자들에게 습격을 당해 심한 자상(刺傷)을 입고 말았다. 그는 비틀거리며 다시 돌아왔는데 머리를 일곱 군데나 찔리고 동맥이 절단되었으며 칼에 베인 턱에 살점이 매달린 끔찍한 상태였다. 결국 깜짝 놀란 조선인들은 안에 입은 평상복만을 남긴 채 화려한 외투를 찢고 보석으로 장식된 허리띠를 풀었다. 그러자 주동자인 김옥균을 따르던 개화파들이 눈 깜짝할 사이에 대궐의 여러 문을 통해서, 혹은 담을 넘어서 사라졌다. 푸트 장군은 서둘러 일어나 상처를 입고 거의 죽어가는 민영익 공을 자신의 팔로 안았다. 습격당한 그를 가슴에 안은 채 장군은 혼비백산한 시종꾼들에게 서둘러 명령을 내렸고, 얼마 지나지 않아 공은 최근 조선에 입국한 유능한 외과의사인 알렌 박사[25]의 보살핌을 받게 되었다.

일이 끝나자 장군은 작은 오두막집에서 간간이 새어 나오는 반짝이는 불빛을 보면서 음산한 옛 거리를 통해 공사관으로 발길을 옮겼다. 공사는 도중에 근무 중인 장교 한 명을 빼고는 외로운 유

---

25 1858년 4월 23일 미국 오하이오 주 델라웨어에서 출생한 알렌(Allen)은 1883년 10월 미국 북장로교 의료선교사로 중국 상하이에 파송되었다가 이듬해 9월 한국에 입국했다. 갑신정변 당시 민영익을 치료해주었고, 1885년 4월 10일 한성 북부 재동에 조선 최초의 근대식 병원인 왕립병원 광혜원(廣惠院)을 고종의 후원 하에 개원했다.

령처럼 장옷을 단단히 걸치고 초로 불을 밝힌 작은 램프에 의지해 자기 집으로 가는 길을 찾는 한 여자와 마주쳤을 뿐이었다.

미국 공사가 이렇게 처량하고 비참한 상태로 집에 도착하자 하인들은 깜짝 놀랐다. 끔찍한 사태에 얼이 빠진 장군은 자신의 옷이 민영익 공의 피로 물들어 있는 것도 알아차리지 못했다. 급하게 장군을 맞이한 푸트 여사도 당황하여 어쩔 줄 몰라했다. 여사는 순간적으로 장군을 암살하려는 시도가 있어서 장군이 집에까지 겨우 와서 자기 앞에서 죽어가고 있다고 판단했다. 장군은 무서워하는 여사를 달래주었다.

그러는 사이 공사관에서는 놀랄 일이 또다시 일어났다. 국왕 경호대를 대동한 전령이 급히 당도하여 접견을 청했기 때문이다. 전령은 국왕 전하가 미국 공사와 공사 부인의 안전을 위해 즉시 대궐로 입궁하기를 정중하게 요청한다는 전갈을 전했다. 푸트 장군은 자신은 미국 국기 아래에 있을 것이며, 부인 역시 남편 곁을 지킬 것이라고 정중하게 구출 제안을 거절했다. 이들 부부는 폭동을 일으킨 조선 폭도들이 국내 분쟁에 외국 대사관이 휘말려들지 않을 권리가 있다는 것을 잘 모른다는 사실을 알고 있었지만, 어떤 대가를 치르더라도 중립적인 면책 기준을 유지하고 세워야 하는 것이 자신의 임무라는 것도 알고 있었다. 그것은 서구의 외교 선구자들이 해야 할 영웅적인 임무 중 일부였다.

서울 전역에서 폭동과 소란이 일어났다. 그러나 그날은 그렇게 지나갔고 해야 할 일들로 복잡하게 꽉 찬 그 다음날이 미국 대표부에게는 바쁘고 힘든 날이었다. 진지한 회의를 통해 미국 대표부가 내린 가치 있는 제안은 이 미묘하고도 긴박한 상황을 대처할 최고의 방안이라 할 만했다.

잠시 후 공포의 밤이 찾아오고 미국 공사와 부인은 무시무시한 조선의 정변을 맞이할 준비를 하고 있었다.

들리는 말에 의하면 일본 공사는 왕의 초청을 수락하여 궁궐로 들어갔고, 일본 군인들이 대궐 주변을 둘러싼 채 삼엄한 경계를 펼쳤다. 그러고 난 뒤 개화파가 대궐로 들어가 순식간에 자기 목적을 달성했다. 국왕을 에워싼 그들은 왕후가 임명한 내각의 신하들을 폐하고 참수한 뒤 자기 쪽 사람들을 내세웠다. 공포와 걱정에 사로잡혀 있던 왕후는 숨어 있었지만 어느 때고 끌려 나가 암살을 당하게 될 거라고 예상하고 있었다. 궁궐 뜰에는 격렬한 전투로 인해 피 웅덩이가 고였고, 분쟁 중에 미국 공사관으로 날아든 총탄으로 큰 소동이 일어났다. 미국 공사관에서 귀하게 사랑받던 개는 웅크리고 앉아서 낑낑대다가 겁이 날 정도로 미친 듯이 날뛰어 더 큰 소란을 일으켰다. 푸트 여사가 슬퍼하며 간청했지만 결국 총으로 개를 쏘라는 명령이 떨어졌다. 공사관은 군법이라도 따라야 할 만큼 비상사태에 놓여 있었기 때문이었다. 다행히도 겨울 동안의 식량은 이미 확보되어 있었다.

이어 미국 부인의 생각은 왕후에 대한 걱정으로 넘어갔다. 왕과 함께 있던 왕후는 푸트 여사와 남편에게 임박한 위험에서 피하라는 제안을 서둘러 했지만 정작 자신은 지금 대량살육의 와중에서 힘없이 위험에 처해 있었다. 아마도 왕후는 끔찍하게 고문을 받았을지도, 아니면 피 튀는 분쟁 중에 이미 살해되었을 수도 있었다. 만약 살아 있다면 왕후가 미국 깃발과 깃발의 성스러운 메시지를 보고서 용기를 얻을 수도 있을 것이다. 공사와 부인은 자신들의 국가의 상징이 가진 힘을 이렇게 절실하게 느꼈던 적이 없었다.

그러나 개화파 정권은 오래가지 않았다. 이번에 패배하여 굴복하면 자신들의 권력에 치명타가 될 수 있다는 것을 깨달은 수구파가 필사적인 용기를 내어 결집했고, 위안스카이(袁世凱) 휘하의 중국 군대로 힘을 보강했다. 이들은 새로 도착한 겁 없는 공격군을 엄호하여 정부 통제권을 재탈환하였고, 비록 고통은 받았지만 여전히 기가 살아 있는 왕후를 은신처에서 데리고 나온 뒤 국왕을 다시 복위시켰다.

사태가 이렇게 갑작스럽게 돌변하자 일본 방위군과 관료들은 자기 공사관에서 정부 문서를 서둘러 챙긴 후 일본인 성인 남녀와 어린이 등 자국민 피난민들을 급하게 모았다. 피난민들은 대사관에 모여서 일본군의 보호를 받았다. 이때 목숨을 건 한 무리가 위험을 무릅쓰고 거리로 나가 서문으로 돌진하여 그 문을 무너뜨리고 제물포를 향해 도주했다. 그 일은 겁 없고 무모하기까지 한 행동이었다. 많은 사람들이 살해당했으며 부상자들 중 상당수 사람들이 거리에서 쓰러졌다. 그들은 거기에서 죽었고 시체는 개에게 게걸스럽게 먹힐 때까지 그대로 방치되었다.

새로 지은 일본 공사관과 수도 서울 곳곳에 있는 개화파의 저택은 불길에 휩싸여 하늘 전체를 붉게 물들였다. 앙심을 품은 무리들은 무기고를 급습했고, 여타 모든 조선인들과 함께 서울을 난장판으로 만들었다. 개화파에 동조했던 일본인들은 폭도들에게 복수의 대상으로 지목되어 음침한 골목길로 내몰렸다. 그들의 피는 거리를 따라 흘러내렸다. 성조기를 제외한 모든 공사관의 깃발이 내려졌고, 영국 공사관의 식구들은 미국 공사관으로 피신했다. 문제의 아흐레 동안 미국 국기만이 처음부터 변함없이 나부끼며 곤란에 처한 사람들에게 피난처로 오라는 신호를 보낸 유일한 외국 깃발이었다. 비록 이 사람들을 받아들이는 것이 위험하고 습격을 당할 수도 있었지만 말이다. 목숨이 위태로운 사람들은 할 수만 있다면 이 피난처로 도망을 왔고, 푸트 여사는 오는 사람이면 누구든 받아들일 수 있게 문을 열어두라고 명령했다.

미국 공사관 건물이 파괴되기 일보 직전까지 간 것은 여러 번이었다. 공사관이 급습 받을 것을 예상하여 정부 문서를 안전하게 보관했고, 비록 성공 가능성은 희박하지만 도피를 위한 모든 준비도 갖추었다. 공관을 비우고 정부 문서를 쥔 푸트 여사가 서양인 무리의 중간에 자리한다. 그러고 나서 용감한 돌격대가 위험을 무릅쓰고 소란한 거리를 통과하여 성문을 밀고 나가 개항장까지 가도록 힘써보기로 계획한 것이다. 온갖 무서운 경험을 했던 때처럼 공사 부인은 담담하고도 대범하게 앞으로 닥칠 일을 받아들이려 했다. 구출되긴 했지만 여전히 위험에 빠진 남녀 어린이들에게 계속 개인적인 관심을 쏟느라 부인은 여념이 없었다. 그녀가 능수능란한 솜씨를 부려 바로잡았던 힘들고 어려운, 수많은 일 중 한 예를 들자면 편견이 깊이 박혀 있는 이슬람 여성을 구출한 일이었다. 그녀는 제공된 음식을 거절했고, 심지어 접시나 요리 도구를 사용하는 것조차 꺼려했다. 그녀에게는 굶주려 울고 있는 아이가 있었다. 푸트 여사는 선한 천사처럼 차분한 마음으로 매우 현명하게 그 상황을 해결했고, 엄마와 아이는 흔쾌히 그리고 양껏 음식을 먹었다.

이 끔찍한 상황에서 미국 공사관이 살아남아 용감한 행동을 할 수 있었던 것은 우연이 아니었다. 궁궐과 일반 대중까지 미국 공사를 존경하고 우러러보았을 뿐만 아니라, 그 공사의 고결한 부인도 왕후부터 가장 미천한 소작농까지 서울 전체가 존경해 마지않았던 것이다. 수천 명의 사람들이 여사의 자비와 친절에서 우러난 인정 어린 행동에 대해 직접적으로 알고 있었다. 몇몇 폭도들은 겁 없이 위험에 처한 사람들에게 구원의 신호를 보내는 이 역사 깊은 건물에다가 여러 번 불을 놓으려 했다. 그러나 위험이 최고조에 달할 때면 언제나 이곳을 파괴하려는 모든 시도는 조선이 처음으로 신뢰했던 나라에서 온 고결한 마음씨의 외국인이 베푼 자선을 생생히 기억하고 나서준 고마운 조선인들에 의해 매번 좌절되었다.

그 무엇보다 미국 공사와 부인이 안전을 찾아 성조기를 찾아온 모든 사람들에게 굳은 신념으로 흔들림 없이 보호자가 될 수 있었던 것은 이들의 개인적인 성품에 이미 그런 기반이 형성되어 있었기 때문이었다.

무슨 일이 일어날지 몰라 두려움으로 메말라가는 불안한 시간이 흐르고 난 후 폭동과 파괴의 소음은 잦아들고 멀리서 웅성거리는 소리로 바뀌었다. 그 옛 도읍은 방금 전에 겪은 공포로 겁에 질려 침묵하고 있었지만 잦아든 불꽃이 또다시 피어나지나 않을까 하는 두려움도 느끼고 있었다.

반역 행위가 진압되자마자 즉시 미국 공사는 미 공사관에 머무르고 있는 일본인들이 경호대의 보호 하에 제물포로 갈 수 있게 해달라고 요구했고, 이 요구는 신속히 처리되었다.

지금 서울의 모든 외국인 거주민들은 임시 거처에서 철수하여 서둘러 개항장으로 향하고 있었다. 외교단 단장인 미국 공사는 일본 외무성 장관이자 특별대사로 위임받아 그곳에 도착한 이노우에 백작[26]과 회담을 하기 위해 제물포로 출발할 준비를 했다. 수천 명의 일본 군대가 착륙하여 주둔한다는 소식은 사태의 심각성을 더해주었고, 또한 이 소식으로 서울은 더 소란스러워졌다. 푸트 여사는 남편과 같이 가도록 예정되어 있었다.

예정된 출발일 하루 전에 갑자기 궁으로부터 급한 전갈이 왔다. 무슨 일 때문일까? 푸트 장군은 그 이유를 알려고 현관으로 나갔고 그의 아내도 깜짝 놀라서 급히 뒤따라갔다. 부인은 자기 이름

---

26 12월 4일 궁궐을 함락하는 것으로 성공한 듯 보였던 혁명은 12월 6일 6,000여 명의 조선군과 중국군의 활약으로 판세가 바뀌었다. 이때 140명의 일본군이 제물포항으로 피했고, 3명의 혁명지도자들도 이들과 함께 갔다. 12월 30일 중국 대사가 3,000명 이상의 군사를 이끌고 도착했고, 같은 날 일본 대사인 이노우에 백작이 2,500명의 군대를 이끌고 제물포에 도착했다.

이 언급되는 것을 들었다. 국왕과 왕후가 푸트 여사가 도성 안에 머물 수 있는지를 물어보기 위해 사람을 보낸 것이었다. 그 전갈에는 국왕 부부의 절박한 부탁도 담겨 있었다. 걱정에 싸인 국왕 부부는 모든 외국인들이 다 떠나버리면 반역자들이 자제심을 버릴 구실을 만들 것이고, 그전보다 더 사납게 지난날의 극악무도한 행위를 하지 않을까 걱정하고 있었다. 사람들의 신뢰를 받는 외국 사람이 한 명쯤 서울에 있어야 한다면 그 사람이 푸트 부인이라고 국왕과 왕후는 확신하고 있었다. 전령을 통해 국왕 부부는 모든 사람들에게 사랑받는 외국인 친구가 공사관 깃발 아래에서 조용하고 굳건하게 남아 있다는 것을 대중들이 알게 되면 사기가 꺾인 사람들을 안심시키고 폭력배들을 계속 제지할 수 있다고 주장했다.

공사는 자신의 아내에 대한 크나큰 찬사에 깊이 감동했다. 그러나 도움을 주기 위해 그 자신은 어떤 개인적인 위험도 기꺼이 감내할 수 있지만 자기 아내가 이런 영웅적 행동으로 위험에 노출되게 허락할 수는 없었다. 그는 아내를 대신해서 단호히 거절했다. 그러나 푸트 여사는 도움을 청하는 어떤 호소도 거절하는 사람이 아니었다. 그리고 이처럼 중요한 시기에 그녀가 도움이 될 수 있다고 그렇게 높으신 분이 확신하는 지금, 그녀가 할 수 있는 대답은 하나뿐이었다. 실제로 그녀로 인해 더 이상의 유혈사태를 피하게 될지도 모를 일이었다. 자신의 의무가 무엇인지 명백했기에 부인은 자신의 생각을 분명히 밝혔다. 자기희생적이라고밖에 할 수 없는 부인의 태도에 감동한 남편은 마침내 왕가의 간청을 마지못해 받아들였다. 하지만 조선과 중국의 연합군이 정동을 수비해줄 것을 요구했고, 그 요구가 확약되기 전까지는 안 된다고 말했다.

그날 그 용감한 여인은 자신의 남편이 떠나는 것을 보았고, 공사관 문이 닫히고 자물쇠로 채워지자 비로소 유일한 서양 여성인 자신만이 이 고풍스런 도시에 남았다는 사실을 알게 되었다. 피를 향한 굶주림이 아직 채워지지 않은 상대편 동양인 무리가 가할 수 있는 공격에 대비하여 공사관을 둘러싸고 있는 동양인 군대를 그녀가 사다리로 공사관 담장 위에 올라가 쳐다보았을지도 모른다.

이어지는 긴긴 걱정의 시간은 마치 수년이라도 된 것 같았다. 부인은 반란 소식에 때때로 놀랐고, 익숙하지 않은 소란이 들려올 때마다 가슴이 벌렁거렸다. 만약 부인이 좀 더 나약한 사람이었다면 옛날 정동에서 참수된 민씨 집안 사람들의 유령이 일어나 자신들이 자랑하던 집안에서 불안에 떨며 애를 쓰고 있는 생존자들을 동정하면서 복도를 돌아다니는 환영을 보았을 것이다.

궁궐과 마주보는 먼 산 위에서 오후에 활활 타오르는 봉홧

불[27]도 보통 때라면 보석이 총총 박힌 듯 아름답게 보였을 것이지만, 지금은 음산한 의미를 띤 것처럼 보였고 또한 서울의 명물인 거대한 종의 힘찬 종소리[28]도 위협적인 경고 소리인 것 같았다.

이 우렁차게 울리는 종은 수도 서울의 중심에 있는 탑에 걸려 있었다. 장례식의 종소리 같은 그 소리는 백파이프의 소리와 다르지 않은 음울한 후렴이 이어졌으며 관가 정문 너머 정자에 있는 악공들에 의해 타종되었다. 푸트 여사는 16개의 도성문이 닫히는 것을 알리며 울려 퍼지는 애수에 젖은 친숙한 종소리를 들으니 자신의 불확실한 상태를 더욱 또렷이 상기시켜주는 것 같아 마음이 가라앉았다.

평화로웠던 때에는 도성문을 닫는 오래된 이 행사가 여사에게 저녁 예배를 알리는 종소리처럼 매우 엄숙하고 성스러운 의식으로 여겨졌다. 그러나 오늘 그 금속성의 전령은 마치 잔인한 수성(獸性)이라도 깃들어 끔찍한 일이 일어날 것을 상상하게 하려는 듯 성나고 떨리는 목소리로 울리는 것 같았다.

---

27 서울 남산 봉수대에서 피우는 봉홧불인 것으로 추정됨.

28 보신각 종인 것으로 추정됨. 보물 제2호인 서울 보신각종은 1468년(세조 14년)에 만들어져 원각사에 두었다가 이 절이 없어진 후 1619년(광해군 11년)에 지금의 보신각 자리로 옮겨 사용해왔다. 이 종은 오전 4시에 33번, 오후 7시에 28번을 울려 도성의 문을 여닫고 하루의 시간을 알리는 데 쓰였다.

그러나 지금 부인의 최대 관심사는 남편이었다. '그이는 도대체 어떻게 되었을까 ……' 이런 시련을 겪는 동안 그녀가 홀로 남겨졌다고만 볼 수는 없었다. 그녀에게는 의지할 만한 친구인 성조기가 있었다! 이렇게 힘든 날이면 그녀는 밖에 나가 깃발을 올려다보곤 했다. 부인과 수백만의 동정심 많은 사람들이 사는 부인의 국가를 연결해주는 그 사랑스럽고 낡은 깃발은 마치 그녀에게 동정을 표하며 변함없이 새로운 용기를 북돋아주려는 듯 펄럭거렸다.

"우리 조상들의 하나님이여."[29]

분명, 분명히 그를 보호해주실 것이다. 부인은 왕후의 오래된 반감이 친절하고 친근한 감정으로 바뀐 것이 확실하다는 믿음이 생기자 더 기운이 났다. 최근 이 서양 부인의 자비로운 행동이 잔혹성이라는 강력한 무기에 의존하여 언제나 자신을 방어해왔던 그 동양인 자매에게 깊은 인상을 준 것은 분명했다. 진정 왕후마마는 직접 자신이 이 위험에 처한 이방인에게 진심 어린 관심을 가지고 있다는 증거를 보여주었다. 밤과 아침에 왕후는 전령을 보내 따뜻한 안부 인사를 전하며 자신의 '좋은 벗'을 위해 할 수 있는 일이 무엇인지를 물었고, 푸트 여사는 언제나 감사의 말로 응답했다. 서

---

29 ⟨My Country, Tis of Thee⟩의 가사 중 일부. 이 곡의 가사는 마틴 루서 킹 2세의 유명한 연설 'I Have a Dream'에도 언급되었다.

로를 잘 이해할 만한 기회가 부족했다는 바로 그 점이 관심을 가지게 된 동력이었다. 그리고 선의를 교환하는 지금, 성격이 다른 두 여인 사이에 강한 유대감이 형성되고 이해할 수 있는 심리적인 호기(好期)가 무르익은 것이다.

푸트 여사가 남편을 걱정하는 긴장감을 더 이상 견딜 수 없다고 느끼던 바로 그때 장군이 돌아왔다.

제 6 장
참 벗

푸트 장군이 분쟁을 조정하는 데 성공한다. 정부로부터 감사를 받는다. 캘리포니아의 집으로 떠날 준비를 한다. 푸트 여사가 사형 선고를 받은 반역자들의 가족들을 처형하려는 왕후의 의도를 꺾는다. 미국인 여자 친구의 출발을 슬퍼하는 왕후. 공사와 푸트 여사는 아쉬워하며 정동을 떠난다. 해진 깃발에 눈물로 작별을 고한다.

제물포에서 열린 회담에서 놀라운 외교적 성과를 거둔 후 미국 공사가 급하게 수도 서울로 돌아와 보니 아내는 쓰러지기 일보 직전이었다.

그는 동양의 모든 국가를 전쟁으로 내몬 최근의 분쟁을 더할 나위 없이 만족스럽게 조정하는 업적을 쌓았다. 이 업적으로 장군은 조선, 일본 그리고 중국으로부터 공식적인 감사를 받았고, 자기 나라 정부로부터도 크게 공로를 인정받았다.

푸트 부인은 자신이 겪은 끔찍한 고난으로 매우 피로해 했고 건강도 상당히 나쁜 상태였다. 그러나 사형 선고를 받은 개화파의 가족이 사형 대상자 명단에 포함되어 있다는 말을 들었을 때 부인은 깊은 슬픔으로 마음이 무거워졌다. 이 죄 없는 여자들과 어린 아이들이 잔인하게 희생되는 것을 막을 방법은 없는 것일까?

'그렇지, 만약 내가 세력자인 왕후를 만나 깨어나고 있는 그녀의 정신에다가 호소하면 어떨까.'

그러나 비록 자신이 외교관의 아내이지만 지금보다 명망이 낮은 여자였으면 겪을 장애를 겪지 말라는 법도 없었다.

한국에서 푸트 장군이 할 임무는 완료되었다. 자신의 나라를 위한 봉사를 훌륭히 해냈다는 확신을 마음 깊이 새기며 장군은 캘리포니아에 있는 집으로 돌아갈 준비를 시작했다.[30]

왕비 전하에게 이 소식은 충격적인 것이었다. 의지할 만한 여성을 잃어야 하는 말할 수 없는 슬픔을 뼈저리게 느끼며 왕후는 멍하니 있다가 그 감정을 쪽지에 적어 보냈다. 감정을 이렇게 토로한 후 왕후는 공사 부인이 겨울 별궁을 방문하기를 바라는 따뜻한 초청장을 보냈다.

왕후의 사랑을 받는 '좋은 벗'인 부인은 궁전의 초대에 언제나 기쁘게 응했다. 그리고 지금은 개인적인 이해를 떠나 신의 섭리가 이끄는 대로 권좌 막후 깊은 곳의 한 중심까지 갈 수도 있는 이 상

---

30 푸트 장군이 공사직을 사임하고 미국으로 돌아간 가장 큰 이유는 미국 정부가 푸트의 직급을 특명전권공사에서 변리공사 및 총영사로 강등시킨 것 때문이었다.

서로운 기회를 특히나 반갑게 여겼다.

얼음과 눈이 쌓인 거리 위로 왕실 가마를 타고 왕실 경호대의
호위를 받으며 부인은 통치자의 영지를 마지막으로 방문했다. 부인
이 봄과 여름철에 즐겁게 보았던 휘황찬란하게 빛나는 아름다운
정원은 파괴적인 전투로 짓밟히고 쓰레기가 나뒹굴어 음산한 광
경을 이루고 있었다. 햇살 비치는 아름다운 나날의 즐거웠던 기억
대신 부인은 가마 너머로 왕비가 사랑하는 친척들의 운명을 음울
하게 새긴 기념비처럼 벽에 흩뿌려진 핏자국을 보며 우울한 기분
이 들었다.

학살당한 일족의 가여운 울음소리가 상상 속에서 계속 들려오
는 것만 같아 미칠 것 같았던 왕후마마는 그런 가슴 아픈 일이 일
어났던 아름답고도 흉흉한 궁전을 버리고 또 다른 화려한 곳에 거
처를 정했다.

시련을 겪은 두 사람은 지위나 의례를 벗어던지고 여자 대 여자
로서 고통이라는 공통의 처지에서 지금 만나고 있는 것이다. 왕후
는 지난 정변의 끔찍한 비극의 와중에서 자신이 겪은 것을 생생
하게 이야기해주었다. 당시 사랑하던 여러 사람들이 자신의 방 문
앞에 있는 궐 마당에서 참수당했고, 그 일이 일어나는 동안 왕후
는 공포에 질린 채 자신에게 닥칠 동일한 운명을 기다리고 있었다.

쾡하고 텅 빈 눈을 한 왕후는 그 시련의 끔찍한 뒷이야기를 전해주며 자기 주변의 모든 사람들을 여전히 신뢰하지 못하는 당연한 이유에 대해서도 말해주었다. 외로움과 극단적인 분노에 빠진 왕후에게 있어서 새롭게 발견한 신실한 감정으로 믿을 수 있는 사람, 그리고 두려움 없이, 기탄없이 자신의 비통함을 쏟아놓을 수 있는 사람이 이 미국인이었다.

자기가 하는 이야기에 감정이 북받친 이 외로운 여인은 동양의 예법도 잊은 채 애처롭게 팔을 뻗었고, 푸트 여사는 그 앙상한 몸을 따뜻하고 모성적인 품으로 안아주었다.

적당한 때가 되었다고 판단한 방문객은 지친 통치자에게 자신이 마음속에 담아온 중대한 문제, 즉 보수파들이 사형 선고를 받은 개화파 가족들을 죽이려는 경악스런 계획을 다시 고려해보도록 유도했다. 부드러운 말투로 서양인은 이 끔찍한 계획에 대해 권력자가 보다 나은 생각을 할 수 있게 하려고 애썼다. 부인은 왕후에게 아무 죄도 없는 생명을 희생시키는 것은 불필요하게 잔인하며 부당한 것이라는 사실을 일깨우려고 노력했다. 그러나 이러한 시도는 왕후의 무자비한 눈에 불을 지필 뿐이었다. 통치 행위에 대한 간섭으로 순식간에 분노하고 욱해진 왕후의 강한 턱은 굳게 다물어졌고 등은 꼿꼿하게 섰다. 분노한 통치자는 최근에 자행된 극악무도한 일을 잊을 수가 없었다. 왕후는 분노로 활활 타올랐고, 복수를 하는 데 있어 어떤 짓이라도 하리라고 다짐했었다. 개화파가 성공하여 권력을 잡았다면 당연히 그들도 했었을 것처럼, 최대한 보복을 가하겠다는 자신의 굳은 결심이 정당한 것임을 왕후는 의미심장한 어투로 말했다. 자신의 통치권에 위협이 된다든가 방해 받는 일이 생길 때면 왕후는 음모나 계략, 배신을 꾸미는 데 언제나 중요한 역할을 해왔고, 그녀에게 있어 일망타진하여 무자비하게 보복한다는 이 원칙은 위험한 반대파 일족의 지위를 삭탈해버리는 정당한 방식만큼이나 변명이 필요 없는 당연한 것이었다. 결연한 결심을 하고 있던 그 손님은 왕후를 보며 그녀의 자기 본위적인 권력과 강한 인성의 힘을 느낄 수 있었다. 그러나 이 용감한 탄원자는 왕후의 마음속에 분명 있다고 느껴지는 선량한 천성을 끄집어낼 수 있다는 희망을 버리지 않고 진지하게 선처를 호소했다.

그러고 나서 오랜 침묵이 이어졌다. 찡그린 얼굴의 긴장감이 펴진 것으로 보아 왕후의 고집스럽고 야만적인 정신이 깨어나 정신적으로 감명을 받은 것이 분명했다. 푸트 여사가 부처의 가장 큰 명령이 "벌레의 목숨일지라도 벌레가 가는 길을 막지 말고 살생을 하지 말라는 것"이며, 유교 철학에서는 생명을 구하는 것이 인(仁)의 세 가지 과업 중의 하나라는 것을 일깨우자 그 왕족은 더욱더 관심 있게 경청했다. 이 자비의 사자(使者)가 올바른 일을 완수하기 위해 최선을 다해 설득하는 지금, 모든 순간이 다 소중했다. 부인이 말을 멈추었을 때 안주인의 날카로운 눈길은 누그러졌고 지혜로운 생각으로 맑은 표정을 하고 있었다.

여기 서양에서 온 한 여성이 제대로 알지도 못하는 지식으로 위대한 동양 종교의 아름다운 가르침을 마구 남발하며 왕후를 공격하고 있다. 그런데 왕후는 그 성실함과 선함에서 진실성과 광채를 느끼고 있는 것이다. 지금 왕후의 모든 분별력은 발휘될 준비가 되어 있었다. 왕후의 내면 저 깊숙한 곳에 가라앉아 있던 정상적인 이해력이 위쪽으로 올라오려고 몸부림을 쳤다. 또다시 오랜 침묵이 흘렀다. 그 위대한 조선인은 깊이 생각했고, 내부에서의 갈등은 마지막 숨을 헐떡이며 끝나고 있었다.

아마도 마음이 흔들리는 이 절대 권력자에게는 공명정대한 외국인이 계속 말하는 박애적이고 아름다운 철학이 한국인들의 마음속에 성공적으로 파고들었던 것과, 이 사람의 정신적인 영향력을 통해 왕후 자신도 도덕적인 변화를 겪어 서양 탐험자에 대한 앙심이 신뢰로 바뀌어왔다는 사실이 그 어느 때보다도 더욱 분명해지고 있었다. 간청을 하고 있는 푸트 부인의 성실함과 흔들리지 않는 용기, 단아한 자세에 탄복하여 의식이 깨어나고 마침내 정신적인 갈등의 고통에서 벗어나자 왕후의 시든 얼굴은 금세 밝게 변화되었다.

그리고 나서 왕후는 천천히 진지하게 말했다.

"자매님, 당신이 이기셨소. 개화파는 사형을 받겠지만 그들의 죄 없는 식솔들의 목숨은 건드리지 않으리다."

이 관대한 선언은 듣고 있는 부인에게 마치 어둠 속에서 울리는 승리의 노래처럼 심오하게 울려 퍼졌다. 순간, 부인은 자신이 보잘 것없는 존재인 것 같았다. 그리고 부인이 항상 깊이 신뢰해왔던 이 위대한 인물이 앞으로 다가올 미래에 희망차게 사방을 밝힐 계몽의 빛을 향해 나오는 것이 보였다. 분명 이제부터는 계몽된 한국의 권력층은 모든 동포의 발전을 위해 노력하는 깨어난 한 지성에 의해 이끌리게 될 것이다.

푸트 여사는 한 자매가 빛을 보고 다른 자매들은 눈물을 그쳤기에 솟아난 기쁘기 그지없는 마음을 어느 정도 누르고 왕후의 놀라운 선언을 깊은 존경심과 함께 받아들였다.

임무를 완수하자 공사 부인은 떠날 준비를 했다. 그러나 부인이 막 감사의 말을 하고 작별을 고하려 할 때 감정에 북받친 왕후는 팔을 내밀며 말했다.

"당신이 조선에 와서 기뻤소. 가지 마시오. 내가 그대 나라의 말을 하진 못하지만 마음속으로 당신을 이해하고 있소. 진정 당신은 나의 자매요."

힘들고 급박한 상황을 함께 겪어온 두 사람이 한마음이 되는 순간이었다. 그와 같은 친밀한 애정 표현에 감동하고 왕후의 넓은 아량이 고마웠던 그 서양 여성이 마지막 작별 인사를 하는 것은 쉬운 일이 아니었다. 이 모든 감정을 뒤로하고 여사가 작별 인사를 하려 하자 왕후는 눈물을 흘리며 외쳤다. "친구여, 한국에 다시 안 돌아올 건가요?"

방문객은 아픈 마음을 안고 작별의 말을 몇 마디 중얼거렸다. 그러고 난 후 길을 떠났다. 그러나 궁궐 문이 닫힐 때 그 뒤에 남겨둔 진실한 정신을 가진 그 사람에 의해 더 큰 자유를 향한 다른 문이 열리리라는 것을 여사는 느끼고 있었다.

왕실 경호대가 눈으로 덮인 황량한 길을 밟으며 지나갈 때 바람이 세차게 불었고, 드디어 슬픔에 젖은 그 미국인은 항상 이해력 많은 그녀의 남편이 양팔로 맞이하는 피난처인 따뜻한 집에 도착했다. 공사는 자비심이 옹졸한 마음을 이겼다는 것을 알고 있었다.

미국 공사 부인에게 아쉬움에 대한 마지막 표시로 왕후는 여러 가지 놀라운 선물을 보냈다. 그 선물 중에는 흰색 비단으로 만든 열 폭의 병풍이 있었는데, 한폭 한폭마다 정교한 자수로 조선의 역사를 묘사하고 있었다. 그 병풍은 한국 예술 작품으로는 최고의 가치를 지녔을 뿐만 아니라 궁궐이 수놓여 있었으며 국가적으로도 중요한 재산임에 틀림없었다. 자신의 애정을 최대한 보여주기 위해 왕후는 '좋은 벗'에게 그녀가 세상에서 가장 소중하게 여기는 소유물, 즉 공사 부인을 궁궐로 태우고 가고, 다시 집에 데려다주고 하던 가장 아끼는 가마를 주었는데 이것은 왕후가 전하는 최상의 배려였다. 몇 년 전 한 정변[31]이 터졌을 때, 영리한 왕후는 궁녀 옷을 입고 도피하여 자신을 암살하려는 적의 시도를 좌절시켰다. 당시 그 충성스러운 처녀는 왕후의 옷을 입었고 그로 인해 자신의 목숨을 내놓아야 했다. 왕후의 신하들이 정권을 다시 잡았을 때 이 가마가 만들어졌고, 승리한 왕후 전하를 모시고 돌아오기 위해 보내졌다.

미국 공사와 그 부인이 정동을 떠나는 것은 쉬운 일이 아니었다. 그들이 했던 고생과 그들이 받았던 놀라운 보상, 그들이 겪었던 고통과 서로에 대한 의지, 그리고 이 오래된 수도를 찾아다니며 집을 지었던 일, 조선의 백성들이 보내준 사랑과 높은 관심으로 인해 이 극동의 나라는 이들에게 있어서 신성한 장소가 되었다. 그

---

31 임오군란.

들이 조선에서 온갖 고통을 감내하면서 자신들이 가진 모든 것을 아낌없이 주었다고 해도, 궁궐에서부터 오두막에 이르기까지 사람들의 따사로운 마음이 이들 부부와 함께하고 있음을 알고 있었기에 언제나 즐거웠다. 이들이 겪은 시련의 무게만큼이나 결실을 맺는 보상이 뒤따랐던 것이다. 그 무엇보다 푸트 부인의 마음은 자신을 떠나지 말라고 애처롭게 말하던 친애하는 왕후마마에게 향하고 있음을 부인할 수 없었다. 부인은 왕후의 마지막 외침을 절대 잊을 수가 없었다. 그 소리는 자신의 생명과 얽혀 있는 사람의 것

미 공사관.

이었고, 그들은 정신적으로 떨어질 수가 없었다.

이들 부부가 나가고 공사관 정문이 마지막으로 닫혔을 때 모든 하인들은 사랑하는 여주인의 뒤를 5마일이나 흐느끼며 따라갔다.

얼마나 갔을까. 이 두 명의 동지는 자기 나라의 국기를 존경스러운 마음으로 쳐다보았다. 그 국기는 적들을 화해시켰다. 그 국기는 끔찍한 전쟁을 피하게 했다. 그 국기는 압제받는 자들에게 피난처를 주고 용기를 주고 힘을 주었다. 거무칙칙한 하늘을 배경 삼아 마치 언약의 무지개라도 되는 듯[32] 국기가 눈 덮인 지붕 위를 나부낄 때, 공사와 그의 부인은 일어나 엄숙하게 그 깃발을 향해 머리를 숙였다. 그들과 한가족이라도 되는 것처럼 깃발은 돌아오라고 애처롭게 손짓을 하는 것 같았고, 그러다가 이들에게 서운함이 담긴 작별 인사를 하고는 이내 홀로 펄럭거렸다. 이들 부부는 날씨에 바랜 조국의 귀중한 상징과 함께 마음속을 뭉클하게 하는 알 수 없는 존재로 인해 목구멍이 차오르고 목이 메어 아무 말도 할 수 없었다. 그들은 눈시울이 붉어진 채 국기를 바라보았다. 마침내 그것은 공사관 위에서 점처럼 보이다가 하늘 사이에서 녹아버리듯 사라졌다.

---

32 노아시대의 대홍수가 끝난 후 여호와는 다시는 물로 인간을 심판하지 않겠다는 언약의 징표로 무지개를 보여주셨다(『창세기』).

제 7 장
국모의 서거

도쿄에서 천황으로부터 환대를 받음. 샌프란시스코에 도착. 6개월 후 푸트 여사는 사망함. 조선 왕후에게 끼친 유익한 영향력이 결실을 맺음. 자신의 국가를 위해 왕후가 용감하게 최후의 저항을 함. 푸트 장군의 사망. 그들의 애국적 행동은 미국의 유산이 됨.

나가사키의 일본인들은 한국에서의 쿠데타 기간 동안 자기 국민의 목숨을 구해준 장군과 푸트 여사에게 환호를 보내고 최고 예우를 갖추었다. 이들이 제공한 특별한 환대 중 최고는 그곳 지사의 명으로 이들 부부가 올 즈음에 맞춰 미리 준비해놓았던 멋진 연극 공연이었다. 연극은 조선의 수도에서 일어났던 지난 정변과 미국 공사가 일본인들을 구출한 사건을 흥미진진하게 재현한 것이었다. 연극이 계속되자 많은 관객들은 흥분으로 열광했다. 극이 끝나갈 무렵 접혀 있던 미국 국기가 미국 공사와 부인의 머리 위로, 인파들의 머리 위로 장엄하게 펄럭이자 엄청난 환호가 일어났다. 모든 사람들이 자리에서 일어나고 밴드가 미국 국가를 연주하자 좌석 수용 규모와 오랜 전통 때문에 선택된 낡고 허름한 건물은 음악과 사람들의 열광하는 소리가 울려 퍼졌다. 그리고 많은 사람들은 푸트 장군이 부인과 일본인 친구들과 함께 고개 숙여 감사 인사를 하고 급히 차로 돌아가자 감격에 겨워 달려가 장군을 다시 내리게 했다.

미국 공사는 도쿄에 도착하여 모든 사람들에게서 정중한 대접을 받았다. 이 저명한 미국인과 그의 부인을 만나는 특별한 접견에서 천황은 곤경에 처한 자국민을 구출해준 것에 대해 개인적으로

도쿄 황궁에서 천황비가 푸트 여사에게 선물한 다기 세트와 은 주전자.

또한 국가적으로 감사를 표하는 연설을 했다. 이에 대해 푸트 장군이 감사의 답변을 하자 이미 그를 영웅으로 생각하는 이 나라 국민들은 그 대답에 더욱 열광했다. 곧이어 천황의 지시에 따라 푸트 여사가 위엄 있는 자태로 앞으로 걸어 나아갔고, 천황과 천황비의 면전에서 세 차례 공손하게 절을 했다. 천황비는 미국 공사 부인에게 몇 마디 말을 건네고는 위험시에 깃발 아래 남아서 탄압받는 사람들을 구하는 과정에서 부인이 보여준 용기와 영웅적 행위에 대해 감탄했다. 천황비는 개인적으로 그리고 제국의 모든 여성의 이름으로 고통 받는 자기 나라 사람들에게 보여준 여사의 크나큰 동정심에 따뜻한 감사를 표했다. 이러한 영광을 받은 여사는 깊이 감동했고, 여사 특유의 겸손과 위엄을 갖추어 화답했다. 이렇게 신분이 높은 사람이 미국 여성에게 이런 찬사를 하는 것은 한 여성에게 주어질 수 있는 최상의 영예 중 하나라고 할 것이다.

황궁에서 사적으로 알현할 때 천황비는 미국 공사 부인에게 아름답고 정교한 도자기로 만든 찻잔 세트와 은으로 만든 단지와 찻잔 받침대, 쟁반을 선물하며 자신의 감사를 더 한층 깊이 표현했다.

한국 왕후에 대해 거리낌 없이 험담하는 사람들도 있었지만 이런 사람들에게 푸트 여사는 즉시 나무라며 그들의 입을 다물게 했다.

"죄송하지만 여러분, 왕후마마를 비방하도록 내버려둘 순 없군요. 왕후마마의 고귀하고 고상하며 열정적인 성품을 여러분들이 제대로 이해하지 못하고 계시네요. 왕후마마를 겪어본 저로서는 조선을 일으켜 세우려는 마마의 열망에 대해 신뢰와 깊은 애정을 가지게 되었답니다."

미국 공사와 그의 아내가 도쿄에 머무르면서 재미있는 사건도 적잖이 있었다. 그리고 그 사건 중 하나를 떠올리며 장군은 종종 낄낄거리며 웃곤 했다. 귀족의 초대를 받아 장군과 푸트 여사가 사찰에 가게 되었는데, 그곳에서는 모든 사람들이 바깥뜰에서 신발을 벗는 것이 관례였다. 안으로 들어가 부인은 남편이 눈을 껌벅거리며 뭔가 신호를 보내면서 그녀의 발을 응시하는 것을 보았다.

"왜 그러세요?" 부인이 속삭였다.

"당신 스타킹에 조그만 구멍이 있어. 항상 깔끔하더니 웬일이야!"

"오, 루시우스." 부인은 목소리를 죽여가며 외쳤다.

항상 완벽하게 몸단장을 하는 그녀에게 그 일은 웃을 일이 아니라 울 일이었다. 정신을 차리고 나서 머리를 다시 쳐든 부인은 남편에게 말했다.

"이해심이 눈곱만큼이라도 있는 사람이면 그 구멍이 바느질할 때 실수로 생겼다는 걸 모를 리 없을 거예요."

"분명히 그럴 거요"라며 안심시키는 대답이 따라왔다.

에피소드는 그것으로 끝나는듯 했는데 그 다음날 부인은 또다시 물었다.

"루시우스, 태자님이 그걸 봤을까요?"

"보다니 뭘 말이요?" 장군은 신문을 읽다가 고개를 들고 물었다.

"스타킹에 난 구멍 말이에요."

고개를 뒤로 젖히며 장군은 호탕하게 웃으며 대답했다.

"물론 못 봤지, 여보, 로즈."

"이봐요, 루시우스, 솔직하게 말하는 거예요, 아니면 외교적으로 회피하는 건가요?" 부인이 물었다.

미국 공사는 씩씩하게 대답했다.

"그분은 못 보셨어. 태자는 신사거든."

장군은 그 이야기를 다시 할 때면 이렇게 말을 맺곤 했다.

"폭동이나 정변에도 꿈쩍 않고 고고하게 있던 사람이 스타킹에 난 구멍에는 어쩔 줄을 모르더군."

공사와 그의 부인은 요코하마에서 고국으로 가는 증기선에 오르자마자 배 옆에서 부르는 소리를 들었다. 아래를 보니 파도치는 바다 위에서 위험스럽게 흔들리는 거룻배 안에 장군에게 요긴한 사람이었던 일본인 하인과 푸트 여사에게 역시 값을 따질 수 없었던 하녀였던 키 작은 아내가 여행용 짐을 담은 바구니를 각자 들고 있는 것이 보였다. 그들은 마지막으로 사정하려고 간청하듯 양손을 위로 쳐들고 있었다. 자신들을 데리고 가면 평생 온몸을 바쳐 일하겠다고 말하는 충직한 부부의 끈질긴 요구를 계속 거절하며 매번 작별을 고했던 미국인 부부는 또다시 이들에게 고국에서의 인간관계를 송두리째 버리지 말라며 간청을 거절했다. 그러자 이 키 작은 부부는 더 이상의 노력이 헛되다는 것을 깨닫고 증기선 바닥에다 여러 상자의 아름다운 '쿰샤'(금사로 추정됨)를 던져 올렸다. 한국에서 고락을 같이했던 충성스런 이들 부부가 일본 해안으로 다시 노를 저어가며 슬프게 "사요나라, 사요나라(안녕히 가세요, 안녕히 가세요)"라고 하는 것을 들을 때 이들 부부는 마음속 한쪽이 아려오는 것을 느꼈다.

샌프란시스코에 도착한 후 얼마 지나지 않아 의사들은 서울의 비위생적인 생활에다 끔찍한 정변으로 겪은 시련이 더해져 푸트 여사의 건강이 치명적인 손상을 입었다는 진단을 내렸다. 여섯 달이 지난 후 여사는 행복하게 영면했고, 죽는 순간까지 소중하게 생각하던 왕후에게 애정과 유언을 남기는 것을 잊지 않았다.

그녀의 관 위로는 성조기가 덮였다. 간단하게 장례 예배를 드릴 때 유니테리언 교회의 호래시오 스테빈스 박사는 그녀의 숭고한 정신으로 보수적인 조선의 왕후와 백성들의 신뢰를 얻고, 생명이 위협받는 순간에도 보호받기를 거절한 채 꿋꿋하게 성조기 아래에 머무르며 자신의 품 안으로 도망온 쫓기는 자들과 압제받는 자들을 거둬들인 고귀한 여성에게 찬사를 바쳤다.

몇 년 전 푸트 여사는 미국 외교관으로 부임한 남편과 함께 칠레에 있었다. 칠레의 가난한 사람들은 부인의 봉사를 결코 잊지 않았다. 부인이 사망한 것을 알고서 칠레에서 그녀와 친구가 되었던 많은 사람들은 감사와 사랑이 담긴 지난 기억을 떠올리며 종교적인 믿음은 비록 다를지라도 자신들이 가진 얼마 안 되는 돈을 모아 성당으로 가 부인의 영혼이 편안한 휴식을 가질 수 있도록 비는 미사를 가졌다.

자신의 미국인 친구가 다시 돌아오리라는 희망을 결코 포기하지 않았던 조선 왕후는 부인의 사망 소식을 듣고 깊이 슬퍼했고, 국왕과 함께 푸트 장군에게 따뜻한 말이 담긴 조문을 보냈다.

왕후는 약속을 지켜 사형 선고를 받은 개화파 집안의 여자와 어린아이들을 살려주었다.

왕후에게 끼친 푸트 여사의 영향력은 그 결실을 맺었다. 자신의 나라를 사랑한 왕후는 진보적인 사상을 더 많이 받아들였고, 생각의 발전은 자국민을 향한 새로운 헌신과 자신과 자신의 시대를 뛰어넘는 한 단계 높은 애국심으로 나타났으며 조선을 무서운 일본의 지배에서 구하려는 노력에 용감하게 목숨을 바쳤다.

왕후가 비극적으로 서거하기 직전 자국민의 발전을 위해 마음속에 품고 있었던 것 중에는 귀족 자녀들을 위한 상설 교육기관을 설립하려는 계획이 있었다. 그 계획을 위해 그녀는 3만 불을 이미 기부했고, 매년 2만 불에서 3만 불에 이르는 학교 운영비도 댈 예정이었다. 왕후의 요청에 의해 이 학교 교사들을 미국 대학 출신으로 임용할 예정이었는데, 그 배경에는 '좋은 벗'의 나라 사람들에 대한 확고한 왕후의 신뢰가 있었기 때문이었다. 왕후가 이처럼 조선인들과 함께 성실하게 일할 숭고한 정신의 서양 여성들에게도 길을 터주었다는 것은 어찌 보면 그녀의 관대함과 애정이 계속 확대되어가고 있음을 보여주는 것이었다. 이들 서양 여성에게 왕후는 개인적으로 따뜻한 애정을 보여주었고, 매번 가능한 모든 도움을 주고 격려했으며, 상당한 양의 아낌없는 선물로 이런 마음을 표현한 적도 적지 않았다.

이 훌륭한 조선 왕후를 대적하는 자들은 왕후의 뛰어난 능력과 정치적 수완에 대해 잘 알고 있었고, 왕후가 자신들의 계획에 위협이 될 것이라는 사실도 알고 있었다. 왕후가 스스로 각성하여 서양 친구로부터 받은 열정과 열의로 자국민을 보다 높은 수준으로 끌어올리기 위해 일하고, 조국을 근대화시키려는 노력을 함으로써 충성을 다하는 새로운 추종자들을 확보하자 이 점은 더욱 확실해졌다.

1895년 일본은 조선에 보호령을 확립하고자 했는데, 성급하고 급진적인 개혁을 하려는 이 시도는 철통 같은 왕후를 수반으로 하는 왕정파(Court Party)의 저항을 받았다.[33] 민씨 일파 전체의 도움을 받고 있던 애국심이 투철한 왕비는 위험한 시절이었지만 일본 장교에게 훈련받은 군인들을 내쫓고 개혁 내각의 친일파를 친조선적인 자신의 친구들로 바꾸려는 대담한 쿠데타를 계획했다. 그 일은 왕후가 한 마지막 용감한 싸움이었다. 결과적으로 친일파와 개혁당이 정권을 장악하기 위해 국왕과 위험한 왕후를 구금하려는 역모를 꾀하게 된다. 이 음모를 실행하는 데 있어 조선의 강력하고 총명한 최고 지도자는 방해거리였다. 들리는 말에 의하면 왕비는

---

33 1894년부터 1896년 2월 2일까지 진행된 정치개혁을 갑오개혁 혹은 갑오경장이라고 부르고, 이 중 1895년 8월 24일에서 1896년 2월까지 진행된 3차 갑오개혁을 을미년에 일어났다고 해서 을미개혁이라고 부른다. 1차, 2차 갑오개혁은 일본의 강요에 의한 것이었지만, 1895년 8월에 시작한 을미개혁은 명성황후와 민씨 일파가 러시아의 힘을 빌려 시작한 개혁이었다. 명성황후는 개혁이 진행되던 1895년 10월 8일 시해되었고, 명성황후 시해 이후의 을미개혁은 주체 세력이 유길준, 서광범 등의 친일파로 바뀌었다.

피신하는 것이 가능했지만 노쇠한 대비마마를 두고 갈 수 없었고, 자신의 목숨을 지켜주겠다는 약속을 어느 정도 믿고 있었다고 한다. 왕후가 가장 충성스럽다고 신뢰했던 친구가 배신에 가담했다. 왕후는 끔찍하고 잔인하게 살해되었다. 왕후의 사지는 조각나서 궁궐 마당에 버려져 태워졌는데, 제사를 치르기 위해 태워진 시신을 수습하고, 작은 손가락 뼈 하나만 명예롭게 매장되었다.

그녀의 매장을 위해 점쟁이들이 길한 장소를 정하는 데 2년이 걸렸다. 온 나라가 그 일에 관심을 가졌다. 마침내 서울 도성 밖 몇 마일 떨어진 1천 에이커(약 122만 평)에 달하는 아름다운 지대가 선택되었다. 그 안에는 산과 언덕, 평지의 논과 마을, 그리고 하천이 있었다. 모든 가옥을 헐고 수만 그루의 어린 나무들을 베었으며 그곳을 감탄할 만큼 아름답게 만들려고 많은 돈이 쓰였다. 무덤은 가장 높은 언덕 꼭대기에 있었고 돌로 만든 석대로 둘러쌌으며 여기저기에 의미를 적은 석상을 세웠다. 무덤 앞에는 제사 음식을 놓는 제단으로 쓰도록 대리석을 갈아 만든 멋진 받침대가 있었고, 그 앞으로는 정교하게 돌을 새겨서 만든 제등(提燈)이 있었다.

서거 후 이 위대한 극동의 왕후에게 '황후'라는 칭호가 수여되었다. 황후가 서거한 지 2년이 지났다. 하지만 국민은 그녀를 잊지 않았다. 안타깝게도 조선 국민들이 한국의 자주권이 짓밟히고 있으나 아무것도 할 수 없음을 무기력하게 깨달았을 그때, 왕후에게 지속적인 적대감을 품었던 사람들조차 그러한 재앙을 피하기 위해 너무나도 용감하게 투쟁했던 그 강한 성격의 왕후를 기억하며 추모하게 되었다. 그리고 지금 그 사람들은 국장(國葬)으로 왕후에게 감사를 표할 기회를 가지게 되었다. 장례식은 야심 많은 이웃 나라 일본에 불운하게 합병되고 있었던 한 나라가 애처롭게 보내는 감사 표시였다. 전 서울 시민들이 왕후를 추모했다. 조선인에게 있어서 그날은 참으로 슬픈 날이었다. 조국에게 왕후는 생명이자 정신이었기에 그들에게 그날은 사랑하는 조국을 장례 치르는 날이었다.

그 매혹적인 옛 수도를 찾는 방문객에게 그와 같이 영웅적이고 극적인 삶을 살다 비극적인 결말을 맞이한 동양 왕후의 유명한 묘소는 반드시 찾아가야 하는 명소가 되었다.

푸트 여사가 소중하게 간직했던 가마는 여사가 사망할 당시에 남긴 애정 어린 부탁에 의해 이 작은 이야기를 적고 있는 저자에게로 가게 되었다.

이처럼 흥미롭고 아름다운 운송 수단은 동양 어디에도 없다고들 사람들은 말한다. 가마는 조선 궁궐에서 보내준 진귀한 백자와 병풍 한 점, 그 밖에 다른 고상한 선물들과 함께 여사가 말했던 목적지로 왔다. 큰 화재로 가마는 소실되었지만 찻잔 세트는 푸트 장군이 건물 외벽이 아직 뜨거울 때 끄집어냈다. 오늘날 그 왕족이 준 선물은 장군과 그의 부인이 즐겨 찾았던 이 저자의 집에 아직까지 보관되어 있다.

그 가마는 한 동양 여성과 한 서양 여성의 삶을 정신적으로 연결하고 있었다. 그리고 이 각각의 여성은 육체의 오감이라는 번거로운 장벽을 뛰어넘어 천국 문을 통과해 갔다. 열렬한 기독교 정신으로 이승에서 두 여성이 결속을 이루었으니 보다 큰 자유를 향해 떠난 이들에게 기쁜 결실이 분명히 있으리라.

만약 로즈 푸트가 더 오래 살았다면 그녀는 아마도 자기 주변 사람들에게 더 큰 도움을 주었을 것이다.

오늘날 그녀의 애국심을 적은 이 이야기가 다행히 우리 중 누구에게 영감을 주어 조국의 부름을 받아들이게 된다면 그것은 이 미국 외교관의 조력자가 또다시 자신의 깃발에 봉사한 일이 될 것이다.

옮긴이의 글

메리 팅글리 로렌스는 이 책에서 최초의 조선 주재 미국 특명전 권공사로 조선에 부임한 루시우스 하우드 푸트 장군의 부인 로즈 프로스트 푸트 여사의 한국에서의 생활과 활약을 그리고 있다.

푸트 공사는 캘리포니아 출신의 외교관이자 군인, 법률가로 새 크라멘토 시의 판사직을 거쳐 육군 중장과 칠레 주재 미국 영사로 재직했다. 한국과의 인연은 1871년 신미양요 때 해군 장교로 참전한 것으로 시작되었다. 그 후 1883년에 푸트는 조선 주재 미국 공사로 부임하여 민영목과 조미수호통상조약을 비준, 교환하였다. 그는 조선에 온 최초의 서양 외교관으로 18개월 동안 조선에 머물렀고, 미 국무부가 그의 직위를 특명전권공사에서 변리공사 및 총영사로 강등시킨 이후 공사직에서 사임했다.

푸트 공사의 부인 로즈 프로스트 푸트 여사는 1862년 푸트와 결혼했으며 조선에 입국한 최초의 서양 여성이다. 오랫동안 공직에 있었던 남편에 비해 푸트 여사의 신상 정보는 찾기가 쉽지 않았다. 그러나 조선에 올 때 푸트 공사의 나이가 57세였던 것과 이 부부가 조선에서 찍은 사진을 통해 보건대, 푸트 여사 역시 당시에 고령이었음을 알 수 있다. 생면부지의 땅이자 어떤 정치적인 상황이 기다릴지도 모르는 가운데, 더군다나 공사관 건물이나 그 밖의 어떤 것도 정해지지 않은 미지의 땅으로 고령의 여인이 발을 내딛는 것이 얼마나 용감한 행동인가는 쉽게 짐작할 수 있다. 본문에 의하면, 미국 대통령과 미 국무부는 푸트 여사가 남편과 동행해 조선에 들어가는 것에 상당한 우려를 표하며 말렸다.

"서양 여성이 아직까지 발 디딘 적 없는 고요한 아침의 나라에 닥친 침략을 막기 위해 권력을 쥐고 있는 보수적인 왕후가 최후의 외교 방편으로 그녀를 이용할 수 있다"는 것이 미 국무부가 우려한 사항이었다. 이러한 우려에도 불구하고 푸트 여사가 결심을 꺾지 않은 것은 남편을 돕고 싶은 마음 때문만은 아니었던 것 같다. 그녀는 조선과 명성황후에 대해 상당한 관심이 있었으며, 근대화가 이뤄지지 않은 조선에 선교를 하고 적십자 활동도 펼치고 싶다는 박애주의자로서의 소명 의식도 있었음이 이 책에서 밝혀지고 있다.

이들 부부가 조선에 부임한 기간은 비교적 짧았지만 한국 근대

사의 관점에서 볼 때, 역사적이고도 긴박한 사건이 터진 때이기도
했다. 우선 푸트 공사가 한국에 부임하게 된 배경에는 1882년 5월
에서 그 다음해에 이르는 기간 동안 체결된 조미수호통상조약이
있었다. 중국의 이홍장(李鴻章)의 주선으로 체결된 이 조약은 한반
도에서 일본과 러시아의 야욕을 견제하려는 중국의 계략과, 극동
지방에서 정치·경제적 영향력을 행사하려는 미국의 속셈, 그리고
열강으로부터 조선제국을 지키려는 고종의 열망의 결과였다고 할
수 있다. 푸트 공사는 1883년 5월 13일 제물포항에 도착했고, 그
해 7월에는 고종을 설득하여 외교사절단인 보빙사를 역사상 처음
으로 미국으로 파견할 수 있도록 도왔다. 1884년 12월 갑신정변
이 터졌을 때 푸트 공사는 개화파에 동조한 일본 외교부와는 달
리 중립을 지켰으며, 중국군과 일본군 수천 명이 제물포항에 집결
했을 때 조선정부를 대신하여 중국과 일본 간의 군사적인 충돌 없
이 평화적으로 문제를 해결하도록 중재했다.

   팅글리 로렌스의 글에서도 볼 수 있듯이 푸트 부부는 국왕 내
외와 상당한 친분을 유지했고, 조선의 근대화와 정치·외교적인 면
에서 국왕에게 조언을 하고 영향을 끼쳤다. 푸트 공사가 부임한 다
음날 고종이 통역관만 대동하고 그를 접견한 것이나, 명성황후가
푸트 부인을 위해 화려한 연회를 연 것은 물론, 갑신정변이 터지고

난 후 모든 서양 외교부가 피난을 갔음에도 불구하고 푸트 부인이
공사관을 지킨 것이 그 한 예라고 볼 수 있다.

　국왕 부부는 모든 외국인들이 다 떠나버리면 반역자들이 자제심
을 버릴 구실을 만들 것이고, 그전보다 더 사납게 지난날의 극악무
도한 행위를 하지 않을까 걱정하고 있었다. 사람들의 신뢰를 받는 외
국 사람이 한 명쯤 서울에 있어야 한다면 그 사람이 푸트 부인이라
고 국왕과 왕후는 확신하고 있었다.

　무엇보다 푸트 여사의 말을 근거로 쓰인 이 책이 명성황후에 대
한 여사의 애정과 관심, 그리고 왕후가 푸트 여사의 충고로 자신
의 고집을 꺾고 죽음을 맞이하는 마지막 순간까지 조선을 위해 어
떤 활약을 했는가를 적고 있는 것에서 푸트 공사 부부와 조선 왕
실과의 관계를 잘 알 수 있을 것이다.
　이 책은 갑신정변과 같은 역사적인 사건을 푸트 여사가 친구인
팅글리 로렌스에게 전해준 것을, 소설가였던 로렌스가 연대순으로
작가적 상상력을 동원하여 묘사한다. 푸트 여사와 작가가 아주 친
밀한 사이였음은 분명하다. 미국으로 귀국한 뒤 불과 6개월 만에
사망한 푸트 여사가 귀국 시 명성황후에게 받은 가마를 비롯한 각

종 선물을 저자에게 남긴 것이 그 근거이다.

저자는 이 책을 출간하게 된 이유에 대해 애국심과 박애정신에 충만했던 푸트 여사를 소개하여 다른 미국의 젊은 여성들에게 본보기를 삼으려고 했다고 머리글과 글의 말미에서 밝히고 있다. 어떤 측면으로 보자면, 이 책은 조선에 가보지 않은 저자가 친근한 친구의 입을 통해 들은 이야기를, 역시 조선에 가보지 않은 미국 독자들에게 전달하는 것이다. 그러므로 이 책에서 서술되는 역사적인 사건들은 날짜나 사건이 정확하게 기술되어 있지 않다. 그 사건들이 가진 외교적이고 정치적인 배후에 대해서도 진단을 내리지 않는다. 그 대신 저자는 푸트 여사의 눈을 통해 여사가 받은 인상과 그녀가 느낀 감정에 중점을 두어 미지의 낭만적인 왕국과 그 왕국의 국민들, 그리고 무엇보다 품위 있고 지략이 넘치며 나라를 사랑하는 한 왕후와 미국인 여성과의 나이와 국가를 초월한 우정을 그린다. 자연히 저자의 묘사는 화려하고, 낭만적이고, 동화적이다.

푸트 여사가 한국에 처음 갔을 때 그들을 보러 나온 한국인들이나 국왕 부부의 묘사 등에서도 볼 수 있듯이 저자 로렌스는 간혹 부정확한 한국어 단어를 쓰거나 아니면 온갖 미사여구를 동원해가며 자신이 실제 가보지 못한 조선의 풍경과 대궐의 모습을 재현한다. 또한 푸트 공사의 고종 알현, 보빙사의 파견, 갑신정변의 원인과 추이 등은 가볍게 지나가면서도 오히려 서양 여자를 처음 본 조선인들의 과도한 관심이나 명성황후의 의복과 연회 풍경, 갑신정변 후 푸트 여사가 명성황후를 위로하고 설득하여 정변에 연루된 개화파의 식솔들을 사형에서 구한 일 등이 더 자세히 기술된다.

비록 푸트 여사의 경험담을 듣고 적은 글이긴 하나 실제 조선을 가본 일도, 조선에 대한 사전 지식도 없는 저자가 얼마만큼 정확하게 기술하고 있는지는 알 수 없다. 저자의 상상력이 많이 가미되었다는 점에서 이 책은 소설적이다. 또한 역사적인 기록이라면 행간으로 빠져나갔을 것임에 틀림없는, 실존인물의 자기 관점에서의 기록이라는 점에서 아주 사실적이기도 하다. 하지만 사실적이냐 아니냐를 떠나서 이 책은 1백여 년 전 서구인에게 비친 조선과, 열강의 틈바구니에서, 또한 일촉즉발의 위기 상황에서 간당간당하게 버티고 있는 나라를 지키려 온 힘을 쏟은 명성황후를 직접 대면했던 서구인의 평가가 어떠한 것인지를 보여준다. 분명한 것은 푸트 여사에게 조선은 미개 국가가 아니었고, 조선의 지도자는 열강들 앞에서 기죽지 않았으며, 조선의 지식인들은 새로운 세계를 알고자 하는 열망이 강했다.

옮긴이는 아마 독자들 가운데서 가장 저자에게 가까이 가는 사람들 중 하나일 것이다. 이미 알고 있는 우리나라이건만 저자의 눈을 통해 보자니 백년 전의 조선은 멀고도 신비로운 나라였다. 또한 고령의 나이에도 불구하고 용감하게 낯선 세계에 발을 내디뎠던(결국 그것 때문에 죽었다고도 볼 수 있는) 한 서구 여성의 이야기가 오늘날 한국의 독자들에게도 저자가 원했듯이 본보기가 되고 영감을 줄 수 있을지도 궁금하다.

비교적 짧은 작품이라 과연 출간이 될 수 있을지 걱정하면서 동시에 저자가 전해 들은 부정확한 용어들이 무엇을 가리키는 것인지를 찾느라 시간을 보냈다. 특히 푸트 부부가 일본인 하인에게 받은 '쿰샤'라는 선물이 무엇인지는 아직도 정확하게 알 수 없다. 단지 음이 비슷하다는 점에서, 또한 '아름답다'는 말과 함께 쓰였다는 점에서 '금사'라는 비단 천을 의미하는 것이 아닌가 하고 추정할 따름이다. 옮긴이의 이런 미흡한 점이 가당하지 않음을 알면서도 감히 독자들에게 이해해주십사 하고 바라는 바이다. 마지막으로 출간에 이르기까지 직간접으로 도움을 준 모든 분들에게 감사드린다.

옮긴이 손나경

영국 선원 앨런의

청일전쟁 비망록

제임스 앨런 지음
김대륜 옮김

UNDER
THE DRAGON FLAG

My Experiences in the Chino-Japanese War

BY

JAMES ALLAN

NEW YORK
FREDERICK A. STOKES COMPANY
PUBLISHERS
1898

차례

일러두기
1. 번역 대본은 James Allan, *Under the Dragon Flag: My Experiences in the Chino-Japanese War*(New York: Frederick A. Stokes, 1898)이다.
2. 번역은 원문을 그대로 옮기는 것을 원칙으로 했으나 필요할 경우 의역했다.
3. 설명이 필요한 외국어 표현의 경우는 괄호 안에 원어를 표기하고 역자의 설명을 추가했다.
4. 역자의 보충 설명과 문장을 돕기 위해 역자가 삽입한 말은 꺾쇠표(〔 〕)로 처리했다.
5. 우리글에서 사용하지 않는 쌍반점(semicolon)은 접속사를 사용하는 등으로 바꾸어 번역했다.
6. 고유명사의 발음은 현지 발음에 가장 가깝게 옮겼다.

제 1 장
출항

    아래 이야기는 최근에 중국과 일본이 치른 저 유명한 전쟁 동안 내가 경험한 것들을 기록한 것이다. 내 어린 시절에 대해서 자세하게 쓰지는 않겠지만, 이제 이야기할 사건들이 벌어진 정황을 더 잘 이해하기 위해서 나에 관한 몇 가지 사실들은 언급해야 할 것 같다. 내게 문학적인 소양이나 기술이 부족하다는 것은 곧 분명해질 것이다. 나는 그때 내가 목격했고 가담했던 사건들을 정확하게 가감 없이 기록했을 뿐이다. 이제 지나고 나니, 그때 내가 느닷없이 그렇게 기이한 경험을 하게 된 그 모험이 정말 드문 것이었다는 데 점점 놀랄 뿐이다.

나는 면 공업으로 꽤 재산을 모은 랭커셔 지방의 한 신사의 아들이다. 아버지는 내가 아직 소년이었을 때 돌아가셨고, 성년이 되자 나는 내게 8만 파운드 이상의 재산이 있다는 것을 알게 되었다. 이렇듯 나는 재산가로 출발했지만, 내가 이 기분 나쁜 역할에서 벗어날, 빠르고 효과적인 조치들을 취했다는 데는 이론의 여지가 없을 것 같다. 단도직입적으로 말하자면, 나는 그 8만 파운드를 4년도 채 안 되어 탕진했던 것이다. 나는 절대로 '경마' 따위에 빠지지는 않았다. 내 영역은 파리의 환락가와 몬테카를로의 도박판이었다. 거기는 내 재산 정도는 하찮게 보일 만큼 큰 재산도 간단하게 해치워버릴 수 있는 그런 곳이었다. (재산을 탕진한) 속도는 무지무지하게 빨랐다. 나는 가는 곳마다 내 바닥짐(ballast: 여기서는 재산)들을 아낌없이 내던져 버렸고, 내 주위에 있던 남녀 하피들(harpies: 그리스·로마 신화에 나오는 얼굴과 몸은 여자 같고 새의 날개와 발톱을 가진 추악하고 탐욕스런 괴물로 신의 복수를 집행하는 역할을 한다고 함)이 그것을 주워갔다. 내가 그 파멸의 길로 막 들어설 때만 해도 내 미래는 충분히 밝고 괜찮았다. (그러나) 내가 그 비참한 종점에 다가갈 무렵에는 암운이 드리우고 있었다. 그때는 너무 늦어버렸고, 나는 내 어리석음을 후회하기 시작했다. 나는 마치 꿈에서 깨어난 것 같았다. 내가 내 의지와 거의 관계없이 행동하게 되는 무력한 환상에서 말이다. 어쨌든 나의 앞날은 사람들의 기대를 끌 만한, 그런 것은 아니었다.

1892년의 어느 봄날 밤 11시쯤, 나는 그 경탄할 만한 경력을 어쩔 수 없이 마무리하고 돌아와 우울한 내 고향 맨체스터의 위트워스 공원의 울타리 곁에 서 있었다. 내 기억에 그때 나는 그 돈을 도대체 다 어쨌는지 생각하고 있었던 것 같다. 재산을 탕진하고 그나마 내가 확실하게 건진 것은 프랑스어와 프랑스 생활의 별로 바람직하지 못한 일면들에 대한 특별한 지식뿐이었다. 이야기했듯이 꽤 늦은 시간이었고, 내가 절망하며 서 있었던 모스 가는 어둡고 황량했다. 이윽고 한 남자가 내 쪽으로 걸어왔는데, 휘청거리는 걸음걸이로 봐서는 술을 한잔 거나하게 한 것이 분명했다. 내게 다가와 멈춰 서더니 그는 빅토리아 파크(Victoria Park: 공원이 아니라 개인 주택들이 모인 단지를 뜻함)로 가는 길을 가르쳐줄 수 있는지 물었다. 그곳은 넓은 반사유지로 코트노폴리스(Cottonopolis: 면공업 중심지)의 수많은 부호들이 살고 있었다. 여러 출입구들 중 한 곳은 모스 가에서 옥스포드 가로 이어지는 지점의 거의 맞은편에 있었고, 나는 질문한 사람에게 그 사실을 알려주었다. 놀랍게도 그는 감사의 표시로 내 손을 턱 잡더니 열심히 악수를 하는 것이었다.

"악수합시다, 악수합시다." 그는 말했다. "그래요, 당신은 지금 신사와 이야기하고 있는 것이오. 물론 당신은 그렇게 생각하지 않을지 모르지만 말이오."

나는 분명히 그렇게 생각하지 않았다. 그는 키가 5피트 2인치쯤(155~158센티미터) 되는 작고 뚱뚱한 사람이었고, 옷차림은 초라했다. 또 갈지자의 걸음걸이, 부풀어 오른 얼굴, 악취를 풀풀 풍기는 숨결은 그의 엄청난 폭음을 짐작하게 했다. 그의 거동이 재미있어서 나는 그와 이야기를 나누기 시작했다. 그는 랭커셔 출신의 선원이고, 그의 말대로라면 맨체스터에 유력한 친지들이 여럿 있었다. 나는 그가 소년기의 반항을 바다로 도망가는 것으로 끝냈고, 비록 가족은 그를 자식이 아니라고 부인했지만, 친척들은 그에게 주당 1파운드씩 용돈을 보태주고 있다는 이야기를 들었다. 그런데 한동안 용돈이 끊겨서 그는 직접 그 까닭을 알아보러 왔다는 것이었다. 출항하기 전에 리버풀에서 1, 2주 정도 시간을 보낼 수 있었던 그는 보수로 75파운드를 받았는데, 이틀 밤낮을 먹고 마시며 흥청거리느라 다 써버렸다. 그의 겉모습은 이 주장을 확실하게 뒷받침해주었다. 그는 대체로 자신이 매우 부당한 대접을 받아왔다고 생각했다. "나는 버림받은 자요." 그는 여러 차례 말했다. 나는 배에서 무슨 일을 하느냐고 물었다. "A.B.요."(able-bodied: 건장한 선원) 그는 대답했다. "항상 A.B.였소." 그의 말투나 겉모습으로 봐선 분명히 그는 하급선원(foremastman) 이상은 아닐 것 같았는데, 그는 나와 악수를 거듭하며 매번 자신의 손이 신사의 손이라고 했다. 마침내 그는 제 갈 길로 갔고, 나는 비틀거리며 거리를 걸어가는 그의 뒷모습을 바라보며 서 있었다. 내가 막 돌아서려고 할 때 큰 고함이 들렸다. 그 '버림받은 자'가 1백 야드(약 92미터)쯤 떨어진 곳에서 큰 소리로 나를 부르고 있었다. 얼마나 사소한 일에 운명이 달려 있는지!

순간 나는 그가 소리를 지르든 말든 무시하고 가버릴까 했으나 그저 잠깐 그가 무슨 말을 하려는지 들어는 봐야겠다고 마음먹었다. 그 간단한 결정으로 내 미래가 완전히 바뀌어버렸다. 그 정신없는 사람은 나와 이야기하는 데만 온통 신경을 썼는지 내가 일러준 빅토리아 파크로 가는 길을 잊은 모양이었다. 딱히 할 일도 없었으므로 나는 그와 함께 걸어가면서 길을 안내하기로 했고, 그래서 우리는 함께 그 파크로 들어갔다. 꽤 어렵게 그는 찾고자 했던 도로와 집을 발견했다. 그의 상태로 봐서는 내 도움이 없었더라면 그 집을 찾을 수 있었을지 의문이다. 내게 말하기를 그는 몇 년 만에 맨체스터로 돌아왔고, 그가 찾으려는 사람들이 이곳으로 거처를 옮겼다고 했다. 건물의 겉모습을 보니 그가 친척의 사회적 지위에 관해 했던 말은 맞는 것 같았다. 나는 그에게 친척들이 그를 어떻게 맞이할 것으로 기대하는지 물었다.

그가 대답했다. "나는 조금도 신경 쓰지 않소. 그렇지만 왜 그들이 내 용돈 1파운드를 끊어버렸는지는 알아볼 작정이오. 그럼, 그 일은 꼭 할 거요."

그가 함께 들어가서 "한잔하자"고 했으나 나는 물론 그 호의를 거절했다. 또 한 번의 힘찬 악수를 뒤로하고 그는 그 집 앞의 작은 길로 걸어갔다. 나는 점잖기로 소문난 그들의 거주지 근처에 그 불쾌한 사람이 있다는 것을 전혀 모르는 그의 친척들이 술에 취해 떠돌아다니는 이 '버림받은 자'를 어떻게 맞이할지 궁금했으므로 그의 뒤를 따라갔다. 나는 울타리 수풀 뒤에 숨어 대문을 볼 수 있는 곳에 멈춰 섰다. 내 친구가 벨을 누르자 깔끔해 보이는 하녀가 현관문을 열어주었다. 정말 우스꽝스러운 모습으로 계단을 오르락내리락 하면서 그 '버림받은 자'는 그녀에게 말을 걸었다. 너무 멀리 떨어져 있어서 나는 무슨 말들이 오갔는지 알 수 없었지만, 하녀의 표정으로 봐서는 그에게 도움이 될 만한 호의 같은 것은 없었다. 잠시 후 문을 열어둔 채 그녀는 들어가 버렸고, 그는 계단에 서 있었다. 한 1분쯤 지나자 훤하게 등이 켜진 홀에서 뚱뚱한 중년 신사 한 사람이 나왔는데, 그의 풍모는 전반적으로 허름한 선원의 모습과 너무 극명하게 달랐다. 두 사람의 대화는 짧고 험악했고, 그 신사가 선원의 면전에서 문을 쾅 닫고 들어가는 것으로 끝났다. 그는 양손을 호주머니에 넣은 채 기가 막힌다는 표정으로 한동안 잠긴 문을 뚫어지게 쳐다보고 있었다. 이윽고 그는 벨을 있는 힘껏 맹렬하게 잡아당겼다. 이 방법이 전혀 효과를 거두지 못하자 그는 욕설을 퍼붓기 시작했는데, 너무 생생하고 거친 것들이라 차마 이 지면에 옮길 수 없다. 물론 대답은 없었고, 좌절한 방문객은 마침내 그 매정한 저택으로부터 천천히 돌아섰다. 그가 나를 지나쳐서 비틀비틀 걸어가자 나는 그를 쫓아가 잡았다. 그는 나를 다시 만난 것에 전혀 놀라지 않았고, 내가 어디에 있었는지 간단히 물어볼 뿐이었다. 그가 내 물음에 답한 것에 따르면 그들은 그에게 술이 깨면 오라고 냉정하게 잘라 말했다. "마치 나를 벌레 보듯 했소. 내가 너무 취했다는 이유로 말이오. 나한테 하룻밤 쉬어 갈 잠자리조차 권하지 않았소. 뭐 저들은 언제나 나를 그렇게 홀대했으니까. 버림받은 놈처럼 말이야. 그게 결국 나요, 버림받은 놈이란 말이오." 그가 상당한 욕설과 함께 말했다.

큰 충격을 받은 것이 분명했다. 당분간은 분명히 자신을 그렇게 부를 만한 충분한 이유가 있는 그 '버림받은 자'는 방금 그런 실망을 겪고 나서 똑바로 서 있기조차 감당하기 어렵다는 듯 문에 등을 기대고 있었다. 그의 처지는 정말 딱했다. 그에게는 한 푼도 없었고 시간은 자정을 훨씬 지났으며 시내는 멀었다. 게다가 그의 상태로 봐서 숙소를 찾는 데 많은 시간과 어려움이 따를 게 뻔했다. 그의 처지가 하도 딱해 보여 나는 그에게 그날 밤은 내 지붕 밑에서 쉬어 가라 했고, 그는 신사란 서로 도와야 한다고 너스레를 떨며 내 제안을 잽싸게 받아들였다. 그는 또 내게 "괜찮은 브랜디가 있다면 내일 아침까지 잘 지낼 수 있을 것"이라며 살짝 웃기도 했다. 우리는 세실 가에 있는 내 집으로 향했다.

이 우연한 만남으로 길고 또 막역했던 우리의 친분이 시작되었다. 이야기를 나누면서 나는 찰스 웹스터에게─그게 그의 이름이었다─내 절박한 처지와 우울한 장래에 대해 털어놓았다. 그가 제시한 해결책은─취하지 않았을 때 그는 말을 조리 있게 잘했다─과감한 것이었지만, 그렇다고 결코 불가능한 것은 아니었다. "다 집어치우고 바다로 가쇼." 그가 말했다. "당신은 돈이 다 떨어질 때까지 즐겼고, 사실 쓰는 것 말고 돈이 무슨 소용이 있겠소? 당신이 가진 것을 다 써버렸으니 이제 바다로 나가서 좀 벌어보쇼. 그게 내 방식이지. 보수를 받으면 한 번에 확 써버리고, 그러고 나서 다시 항해를 떠나는 게지."

내가 대답했다. "당신에게는 너무 쉬운 일이겠지만 어떻게 훈련이나 경험도 없이 내가 배에서 일자리를 얻을 수 있겠소?"

"내가 찾아줄 수 있소." 웹스터가 대답했다. "많은 배들이 서둘러 출항하라는 명령을 받게 마련이고, 선원을 뽑을 때 그렇게 까다롭지도 않소. 선원이 조금 많다든지, 아니면 제대로 된 선원을 찾지 못해 일손이 좀 딸린다든지 하는 문제들에 대해 그렇게 빡빡하게 굴지 않는단 말이오. 내가 당신에게 찾아줄 배가 바로 그런 거요. 뭐 어떤 배든 당신을 받아줄 배가 반드시 있을 거요. 내가 당신을 A.B.(건장한 선원)처럼 입힐 것이고, 당신이 제 할 일에 대해 잘 안다고 보증해줄 거요."

"그런데 그들이 내가 그렇지 않다는 것을 알게 되면 어쩌지요?"

"항해 중일 때에는 조금도 문제될 게 없소. 그들이 할 수 있는 것이라고는 우리에게 한바탕 욕지거리나 하고, 그 상황에서 최대한 버텨보는 것뿐이오. 이런 일은 비일비재해요. 증명서는 아무 의미도 없소. 너무 쉽게 구할 수 있거든. 항해가 끝나면 아마 한두 가지 일은 할 수 있게 될 것이고, 선장은 당신이 제대로 된 선원이 아니었다고 귀찮게 떠들고 다니느니 그냥 당신 서류에 서명해주고 말 거요. 그러면 당신은 나 없이도 다른 일자리를 찾을 수 있게 될 거요. 단언컨대 이런 일은 언제나 일어나게 되어 있소. 왜 안 그렇겠소? 누구도 배우지 않고는 뭔가 할 수 없어요. 나랑 한 번만 배를 타면 당신은 훌륭한 선원이 되어 있을 거요. 당신이 신사처럼 나를 도와주었으니 나도 힘닿는 데까지 당신을 돕겠소."

간단히 말하자면, 잠깐 생각해보고 나서 나는 그의 말을 따르기로 결심했다. 내가 자초한 상황들을 생각하면 더 나은 일도 없을 것 같았다. 내가 뱃사람이 된 과정은 우리가 이야기했던, 거의 그대로 진행되었다. 순간의 무분별한 쾌락에 수천 파운드를 써버리는 탓아로 살다가 보통의 뱃사람으로 살아야 하는 그 변화는 처음에는 결코 유쾌하지 않았고, 나는 과거에 저지른 어리석은 짓들을 자주 비통한 마음으로 저주하곤 했다. 그러나 우리는 경험으로부터 배우게 마련이고, 그 끔찍한 교훈이 내게 분명 득이 되었다. 웹스터는 확실한 내 편이었고, 방탕하고 무모한 생활에도 불구하고 그에게는 자신이 주장한 품성, 즉 신사로서의 자질이 정말 있었다. 그의 지도를 받으며, 그리고 마치 커디 헤드릭—월터 스콧의 소설 『묘지기 노인』의 등장인물—처럼 눈치가 빨랐던 나는 재빨리 일을 익혔다.

우리는 함께 여러 차례 항해했다. 1894년 여름, 우리는 샌프란시스코에서 좀 빈둥거리고 있었다. 웹스터는 수중에 돈이 꽤 있었고, 늘 그랬던 것처럼 방탕한 생활에 돈을 뿌리고 다녔다. 그 당시 우리는 프란시스 첩이라는 사람과 친하게 지냈는데, 그는 호주 태생의 매우 유능한 선원으로 다소 무모한 구석이 있었지만, 대담무쌍하고 의지가 굳은 인물이었다. 내가 이 이야기를 하게 된 것도 그 때문이었다. 어느 날 저녁 우리가 술잔을 기울이고 있을 때, 그는 우리에게 매우 특별한 소식과 특이한 제안을 전했다. 그에 따르면 그를 여러 차례 고용했던 이 도시의 어떤 상인 선주가 중국인들의 전쟁 준비가 미흡하고 전쟁 물자가 절박하게 부족하다는 소식이 있는데, 이제 막 전쟁에 들어간 중국 병사들이 쓸 군수품을 수송할 생각이 있냐고 물었다는 것이었다. 첩은 그 제안을 사실상 받아들였고, 그와 함께 이 사업에 뛰어들 믿을 만한 사람들을 찾고 있다고 덧붙였다. 사태가 돌아가는 것을 보면 중국의 항구들이 곧 봉쇄될 것 같으므로 그의 고용주는 이번 사업을 중국인들에게 부족하다는 군수품의—그들을 위한 대량 주문 몇 건이 미국 회사들에 들어와 있다고 알려주었다—공급 체계를 조직하기 위해 운송 수단들을 시험해보고, 이익을 얼마나 볼 수 있을지 타진해보는 일종의 '시험'(feeler)으로 생각하고 있다는 것이었다. 첩은 자신이 배를 지휘하게 될 것이고, 웹스터와 나에게는 1, 2등 선원 자리를 주겠다고 했다. 보수는 무척 후한 편이었고, 작은 모험에 뛰어드는 것을 전혀 개의치 않았던 우리는 별로 주저하지 않고 그 제안을 받아들였다. 첩은 매우 만족해하면서 우리를 "내가 원하는 바로 그런 사람들"이라고 했다. 그러고는 그는 자신의 고용주가 H씨라는 말을 했는데, 나는 그가 매우 열성적인 사람이지만 양심적인 사람은 아니라고 알려진 것이 기억났다.

고용주가 우리에게 내준 선박은 2,000톤급의 날렵해 보이는 길고 낮은 증기 스크루 배였다. 그것은 짐을 가득 싣고도 시속 20노트(시속 37킬로미터)를 낼 수 있는 굉장히 빠른 배였는데, 우리는 곧 절박한 긴급 상황에서 이 사실을 확인할 수 있었다. 품목들이 정해지고 화물들—대포, 소총, 연발권총, 탄약통, 도화선, 약품 등등—이 확보되어 실렸다. 우리는 어렵지 않게 세관을 통과했고, 닻을 올리고 침로(針路)를 잡은 후 북태평양을 정확하게 횡단하는 항로로 키를 잡았다.

우리 배, 컬럼비아(Columbia)호는 우리가 맡은 그 위험한 일에 어느 모로나 적합한 최고의 배였다. 물론 무엇보다 빠른 속력 때문에 그 배가 선택되었지만, 겉모습 역시 가능하면 눈에 띄지 않도록 치장되어 있었다. 바다에서 수평선 가까이 낮게 항해하는 것뿐만 아니라 통풍통(通風筒)이나 배의 모든 부분이 흐린 회색으로 칠해져 있었다. 우리가 사용한 무연탄이라는 석탄은 연소될 때 연기가 매우 적게 나오는데, 그 적은 양의 연기조차도 우리가 전쟁터에 가까워지면서 굴뚝 갓으로 차단되었다. 배는 마치 바닷속의 짐승처럼 아무 소리도 내지 않고 조용히 물살을 가르며 나갔고, 어두운 밤에 모든 불을 껐을 때는 가까운 거리에 있는 다른 배의 갑판에서도 [우리 배]를 알아보기 어려웠을 것이다.

참고할 항해 일지가 없으므로 날짜나 거리에 대해서 확신할 수는 없지만, 속도를 내며 우리가 황해(the Yellow Sea)로 접어든 것은 8월 중순 이후였다. 그런데 그 바다는 [그 이름과는 달리] 내가 봤던 어떤 곳보다도 푸르렀다. 해변 주위는 분명히 갯벌투성이였을 텐데도 달이 훤한 밤에 몇몇 지점에서는 바다가 마치 액화된 청색 안료처럼 보였다. 우리 목적지는 개항지들 중 가장 북쪽에 있던 톈진이었고, 우리는 물론 일본의 순양함을 피하기 위해서 중국 본토와 가능한 한 근접한 거리를 유지하고 있었다. 모든 일이 순조롭게 진행되었고, 우리는 보하이 만(Gulf of Pechili)에 빠르게 접근하고 있었다. 그때 그 계절의 아시아 바다에서 맞닥뜨릴 수밖에 없는 폭풍우를 만났다. [우리는] 칠흑 같은 어둠, 마치 두 번째 노아의 홍수와 같은 호우, 어둠보다 더 무시무시한 갈지자 형의 번개가 만들어내는 눈을 멀게 할 정도로 밝은 섬광, 그리고 전장의 소음도 삼켜버릴 것 같은 거의 끊임 없었던 천둥소리[를 견뎌야 했다]. 비록 앞으로 거의 나가지는 못했지만, 엄청난 증기력 덕택에 우리 배는 한동안 제 위치를 지킬 수 있었다. 그러다 마침내 엄청난 파도가 우리 배의 좌현을 정면으로 덮쳐버렸다. 갑판의 주창구(艙口)가 열렸고, 작은 나이아가라 폭포 같은 파도가 밀려와 우리 난방기를 흠뻑 적셨다. 어떤 범포도 그때 그 허리케인을 견디지 못했을 것이고, 우리 상황은 한동안 심각했다. 다행히 잘 버텨준 우리 엔진이 다시 작동할 때까지 우리는 조선의 해변으로 무력하게 떠내려갔고, 우리가 할 수 있는 일이라고는 폭풍이 누그러질 때까지 앞바다로 어렵게 전진하는 것밖에 없었다. 그때 폭풍은 시작할 때처럼 갑자기 가라앉았다.

바람이 누그러질 때쯤 우리는 해안의 험한 곳에서 멀리 떨어지지 않은, 길쭉하게 큰 나무들이 무성했던 어느 섬에서 바람을 피하고 있었다. 여기서 우리는 배의 손상된 부분을 수리하면서 두세 시간 동안 정박했다. 물론 우리는 우리가 어디쯤 있는지 정확히 알 수 없었지만, 제물포로부터 그리 멀지 않은 곳에 있다고 짐작했다. 우리 처지에서 그곳은 별로 바람직한 곳이 아니었다. 제물포항은 일본인들의 손에 있었고, 일본은 그곳에 군대를 상륙시키고 있었으므로 당연히 무장선들이 인근에 있을 게 분명했다. 따라서 우리는 그 주변에서 되도록 지체하지 말아야 했다. 〔배가〕 제 모습을 갖추게 되자—그리고 다행히도 우리 배는 심각한 손상을 입지 않았다—증기를 뿜으며 이전의 항로를 찾아 나섰다. 우리가 섬 기슭에서 빠져나가고 있을 때 이미 날은 어두웠다. 첫 번째 야경 시간, 즉 아홉 시를 알리는 두 번의 벨이 막 울릴 때쯤 우리는 마치 프라이팬에서 막 나와서 불 속으로 뛰어드는 꼴이 되었다. 섬의 말단을 돌아 나가자마자 우리가 어떤 전함과 무서울 정도로 가까이 있다는 것을 알게 되었다. 그때 나는 혼자 선교에 서 있었는데, 우리가 방금 빠져나온 은폐지로 슬그머니 되돌아가 볼 요량으로 엔진을 후진에 놓았다. 하지만 너무 늦었다. 우리 배는 발각되었고, 순양함의 탐조등이 짙은 바다, 하늘, 그리고 해안선에 강렬한 불빛을 비췄다. 동시에 〔그 배에서〕 우리를 요란하게 부르고 있었는데, 거리가 너무 멀어 내가 아무리 귀를 기울여도 무슨 말인지 알아들을 수가 없었다.

우리는 발각되었고, 도망가려는 기색을 보이면 의심만 더 살 것이라는 것을 알았기 때문에 나는 증기선을 멈추고, 우리의 반갑지 않은 이웃이 어느 유럽 함대에서 파견된 군함이기만을 진심으로 빌었다. 그 배가 중국 군함일 희망은 없었는데, 중국 함대가 보하이 만에 정박 중이라는 것을 이미 알고 있었기 때문이다. 우리가 엔진을 채 끄기도 전에 순양함에서 내려진 보트 한 척이 우리 쪽으로 빠르게 다가왔다. 첩과 웹스터가 아래에서 뛰어올라 왔고, 우리가 보트를 기다리며 그것을 파견한 전함이 어떤 배인지 불안해하고 있을 때, 그 배는 우리로부터 1/4마일 거리 이내로 들어왔다. 배가 파도에 흔들리자 그 장루(檣樓)와 포탑에 있는 포들의 하얀 총구가 파도에 잠겼다 나왔다 하는 것 같았다. 그 배는 정말 가공할 위력을 가진 것처럼 보였고, 선상에서는 공격 준비가 한창인 듯 분주했다. 우리가 처한 위험에도 불구하고 나는 그 광경의 야생적인 아름다움에 놀라움과 찬탄이 섞인 경외감 같은 것을 느끼지 않을 수 없었다. 바다의 전설에 나오는 심해 해적선들 중 한 척에서나 뿜어 나올 것 같은 강렬하고 생생한 광채 가운데 비치는 장엄한 전함, 반짝반짝 빛나며 흔들리는 망망대해, 그리고 그 검은 해안선. 그 광채가 닿는 모든 것은 유령처럼 비현실적으로 보였다.

바다가 다소 거칠었으므로 보트가 우리 배에 닿는 데는 시간이 좀 걸렸다. 그러나 마침내 보트는 우리 배 곁에 도착했고, 당황스럽게도 일본인들의 모든 신체적인 특징들을 보여주는 작은 몸집의 대위가 우리 배로 기어올라 왔다. 그는 일왕(Mikado)의 백성들 사이에서 무엇보다도 잘 통하는 언어, 즉 영어로 우리에게 말을 건넸다.

"당신들 미국인이오?" 그가 돛대 위의 성조기를 가리키며 물었다. "당신들 배의 이름은 무엇이오?"

우리는 그에게 이름을 알려주었고, 그 대답으로 그 전함에 대해 들었으나 너무 놀라 경황이 없던 터라 우리는 별로 주의를 기울이지 못했다. 나중에 우리 중 누구도 그것을 기억해내지 못했던 것 같다. 칭찬할 만한 영어로 대위는 우리 용무가 무엇인지 거듭 물었다. 우리는 이런 궁지에 몰리게 되면 우리 화물이 소금, 쌀, 그리고 옷가지 정도라고 이야기하기로 입을 맞추어놨었고, 가짜 송장(invoice)뿐만 아니라 공간을 아끼기 위해 세 부분으로 나누어 채운 탄약통과 곤포에 그런 [위장용] 상품들을 어느 정도 실어두는 대비책을 마련해두었다. 겉보기에는 얼음처럼 냉정했던 첩은 그 장교가 서류를 보자고 요구하자 이 귀중한 증명서들을 곧바로 꺼내 보여주었다. 장교는 모든 서류들을 찬찬히 살펴봤고, 그래도 만족하지 못한 듯 우리 화물을 검사해봐야겠다고 말했다. 우리는 물론 반대할 수 없었고, 적이 뱃전으로 가서 그의 엄격한 조사를 도울 수병 두세 명을 보트로부터 불러올리는 동안 우리 표정은 정말 멍했다.

"걱정하지 마." 첩이 말했다. "아직 완전히 끝장난 것도 아니고, 그가 우리 배에 실린 것을 발견하더라도…… 그렇게 되지는 않을 거야."

"[발각되면] 어떻게 하지요?" 웹스터와 내가 물었다.

"그놈들을 물속으로 던져버리고 잽싸게 달아나야지." 첩이 대답했다. 그의 단호한 표정으로 봐서 나는 그가 정말 그렇게 할 것이라고 생각했다.

"뭐요? 저 총구들 아래서요?" 웹스터가 말했다.

더 이야기할 시간이 없었다. 일본 대위는 부하들과 함께 우리에게 되돌아와서 우리보고 아래로 안내하라는 몸짓을 했다. 우리는 순순히 따랐고 우리 화물, 즉 밀수 군수품들 위에 서너 층 높이로 여기저기 쌓아놓은 통들로 그들을 데려갔다. 그들이 여기저기 찔러보고 다니는 동안 얼마나 불안했던지! 한동안 일은 잘 풀려나갔다. 그들은 탄약통이 보일 만큼 깊이 열어둔 통들은 찔러보지 않았고, 또 밑에 쌓아둔 것들을 건드릴 만큼 많은 통들을 들어내지도 않았다. 사기가 막 오르려던 순간, 불행한 사건이 우리의 기를 다시 바닥으로 떨어뜨렸다. 그들이 손댄 통 중 하나에서 테두리가 완전하지 않았는지 판자들이 떨어져 나갔고, 위장용으로 깔아놓은 소금과 함께 각종 연발권총 탄약통들이 우르르 쏟아져 나왔다. 일본군 대위는 그가 안경을 비뚤게 쓰고 있다는 것이 거의 눈에 띄지 않을 정도로 미소를 지었다.

"아주 좋습니다." 꾸러미 가운데 하나를 집으며 그가 말했다. "아주 훌륭해, 먹기에 좋겠군요."

우리는 벼락을 맞은 것처럼 충격을 받아서 한 마디도 할 수 없었다. 물론 모든 것이 끝장났다. 다시 일본군들은 열심히 수색했고, 우리 화물이 무엇인지 곧 드러났다.

"여러분, 나는 이 선박을 억류할 것이오." 대위는 나와 웹스터에게 정중하게 말했다. "당신들 선장은 어디 있소?"

나는 둘러보며 첩을 찾았지만, 그는 보이지 않았다.

"갑판으로 간 것 같은데요." 내가 말했다.

대위와 그의 부하들이 서둘러 올라갔고, 웹스터와 나는 뒤를 따랐다. 첩은 일단의 선원들과 이야기를 나누고 있었다. 탐조등은 여전히 너울거리며 번쩍이고 있었고, 우리의 가공할 이웃이 2,300야드(약 2,100미터) 이내로 느릿느릿 다가오는 것을 보자 나는 몹시 두려워졌다. 대위는 뱃전으로 급히 걸어갔고, 보트의 선원들에게 몇 가지 지시 사항을 큰 소리로 전달했다. 그의 말이 떨어지기 무섭게 나는 첩이 "지금"이라고 말하는 것을 들었다. 그와 이야기하고 있던 사람들이 일본인들에게 달려들어 그들을 붙들고는 눈 깜짝할 사이에 들어 올려 최대한 보트 가까이로 던져버렸다. 동시에 "최고 속력으로 전진"이라는 명령이 함교에서 크게 울려 퍼졌고, 마치 산토끼가 사냥개의 입에서 튀어 나가듯 증기선은 앞으로 나아갔다. 그 순간에는 배의 이물에서 거품을 일으키는 세찬 물살 외에는 아무 소리도 들리지 않았다. 그때 전함이 우리 배를 향해 발포하기 시작했다. 포성이 거듭되었고, 육중한 포탄이 지나쳐갈 때 우리는 숨을 죽이고 있었다. 첫 번째 몇 발은 목표물을 완전히 빗나갔으나 우리가 손상을 입지 않고 버틴 시간은 오래가지 못했다. 무서운 어뢰 한 발이 우현 옆의 바다를 강타했고, 물기둥이 엄청나게 솟아오르면서 뱃전 위에 떨어져 우리 선원 한 사람을 때려 눕히고, 맞은편 쪽 방파 벽의 윗부분을 산산조각 내버렸다. 그 직후 다른 한 발이 갑판을 향해 돌진했는데, 나중에 첩이 말한 것처럼 굉장한 타격이었고, 부딪히는 모든 것을 다 부숴버렸다. 그것은 또 한 명의 선원을 문자 그대로 두 조각을 내버려서 그의 상체는 바다에 빠져버리고 하체는 갑판 위에 남았다.

"그는 미쳤어." 웹스터가 으르렁거렸는데, 첩을 지칭한 것이었다. "그놈 좋으라고 우리가 〔바다에〕 가라앉지는 않을 거야." 그는 우리 배의 도주를 저지하기 위해 선교 쪽으로 달려갔다.

첩이 그를 제지하기 위해 나섰다. 그들은 주먹을 쥐고 서로 붙들고 싸우다가 마침내 선교에서 떨어졌는데, 그때도 여전히 싸우고 있었다.

　순양함은 보트를 끌어올리기 위해 멈춰야 했고, 그때 잠깐 지체된 것이 우리를 구했던 것 같다. 게다가 우리는 인공 조명 아래에서 매우 불확실한 표적이 되었던 게 틀림없었고, 이것이 또 포격에 도움이 되지 않았을 게 분명했다. 증기 엔진을 위험 수준까지 불안하게 가동하면서 우리는 앞으로 돌진했다. 맹렬하게 발사하는 포들이 뿜어내는 연기와 불꽃의 장식, 여전히 밤을 낮처럼 밝히는 생생한 한줄기 광선의 전기 섬광 아래서 맹렬히 추격하던 배는 인간이 만든 구조물이 아니라 멋진 바다 괴물처럼 보였다. 전함에서 쏜 탄환과 포탄이 우리 배에 가득했고, 포탄 몇 발은 배의 이물 바로 위에서 터졌다. 그 파편으로 두 명이 죽고 여럿이 다쳤다. 우리 배는 모두 열 차례 정도 맞았다. 그러나 한두 개 빼고 모두 가벼운 일격에 불과했고, 제대로 관통한 것은 거의 없었다. 첩은 꿋꿋하게 버텼고, 우리는 거리를 빠르게 벌려 마침내 사정권에서 벗어났다. 그 무서운 어뢰들이 닿지 못하는 곳에 이르렀을 때처럼 기뻤던 적은 없었다. 거기서부터 우리는 안전했다. 우리 배는 우리 추격자보다 5노트쯤 빨랐고, 이제 위험은 포성을 듣고 다른 순양함이 우리의 탈출로에 끼어들 가능성뿐이었다. 그러나 아무것도 나타나지 않았고, 우리 배의 엄청난 속력 덕택에 날이 밝기 훨씬 전에 적을 따돌릴 수 있었다.

선상 구조물만 손상되었으므로 배는 곧 수리할 수 있었지만, 선원 다섯 명이 죽었고 그 두 배쯤 되는 인원이 부상을 당했다. 그런 일에 익숙하진 않았지만, 나는 부적절한 목표를 위해서 이런 생명의 희생을 불러온 첩이 원망스러웠다. 하지만 그는 그것을 그냥 웃어넘겨 버렸다.

"어차피 위험을 감수하고 사는 거야." 그가 말했다. "그들도 그걸 알고 있고, 그렇기 때문에 많은 보수를 받는 거지. 우리는 배와 화물을 구했어. 그것이 H씨가 생각하는 전부이고, 우리는 그것만 신경 쓰면 돼."

그러나 방금까지도 생기와 활력이 넘쳤던 사람들이 엉망이 된 주검이 되어 누워 있는 것을 보면서 화물을 걱정하고 있을 수는 없었다. 나는 이번 일에 어떤 결과가 따를지 별로 생각해보지 않았고, 그저 될 대로 되라는 심정으로 경솔하게 뛰어들었는데, 이제 전쟁의 참혹한 현실에 갑자기 직면하게 되니 두려움 같은 것이 느껴졌다. 그러나 그 느낌의 원인이 어디에 있었던 것인지는 몰라도 곧 사라졌고, 시체들을 그물에 넣어 깊은 바다에서 그들이 마지막 휴식을 취할 수 있도록 해놓고 나니—그 의식은 우리의 탈출 다음날 치렀다—예전의 그 걱정 없던 쾌활한 모습을 되찾았다 (Richard was himself again: 콜리 시버의 희곡 『리처드 3세』에 나오는 말로 여기에서는 '그 충격에서 벗어났다' 는 뜻).

배에 기도서를 싣고 오지 않았기 때문에 우리는 장례를 어떻게 치러야 할지 몰랐다. 그러나 우리는 지혜를 짜내고, 아니 우리 기억들을 더듬어 이런저런 절차들을 생각해낼 수 있었고, 불행한 동료들에게 기독교인다운 장례를 치러줄 수 있었다. 부상자들 가운데 또 한 사람이 우리가 텐진에 도착한 후에 사망했고, 영국인들의 공동묘지에 안장되었다는 것도 언급해야 할 것 같다. 그는 맨 처음 총격을 받은 사람이었다. 그의 이름은 메신저로 자신이 극작가의 후손이라고 주장했다. 우리 배에서 그는 주로 '머릿기름'이라고 불렸는데, 그가 부스스한 검은 머리에 냄새나고 번쩍거리는 기름 같은 것을 덕지덕지 칠하는 데 집착했기 때문이었다. 탄환에 맞아 그의 두 다리는 형체도 없이 날아가 버렸다.

내 친구 웹스터에 관해서 이야기하자면 한쪽 눈이 검게 멍든 채로 남은 여정 내내 첩의 무모함을 계속 비난했고, 일도 많고 탈도 많았던 그 밤에 자신이 한 행동을 끝까지 변호했다. 자신의 실패를 달래기 위해서 그는 럼에서 위안을 찾았는데, 그는 우리 중 한 사람이라도 살아남아 그 액체가 주는 위로를 맛보게 된 것이 기적이라고 단언했다.

"그렇지만 나는 버림받은 자야." 그는 술을 더는 이기지 못하게 되면 항상 이렇게 끝맺곤 했다. "바로 그런 거지. 버림받은 자가 무슨 생각을 하든 누가 신경이나 쓰겠어?"

첩은 비웃듯 폭동죄로 그를 처넣겠다고 위협하기는 했지만 거의 신경 쓰지 않았다. 문제의 그날 밤 그 '버림받은 자'가 용기가 없어서 그런 행동을 했다고 생각해서는 안 될 것이다. 도주는 불가능해 보였고, 도주에 따른 위험은 엄청났다. 확신하건대, 내 판단대로 일을 처리했다면 나는 감히 도주는 시도조차 하지 않았을 것이다. 그러나 첩은 절박한 위험에 직면해도 절대로 기죽지 않고 그것을 있는 그대로 받아들이는 사람이었다.

제 2 장
해전

더 이상 불행한 일 없이 우리는 톈진에 도착했고, 화물을 H씨의 대리인에게 넘겼다. 대리인은 곧 상당한 이익을 얻고 (화물을) 처분했지만, 내 생각에 컬럼비아호처럼 귀한 배를 위험에 빠뜨려야 할 정도의 이익을 보지는 못했을 것이다. 우리는 일본군의 사격 연습 때문에 필요해진 수리를 하느라 톈진 항에서 1주일쯤 머물렀다.

톈진에서는 전쟁위원회가 열리고 있었는데, 어느 날 아침 대리인 맥 씨가 배에 오르더니 컬럼비아호를 조선에 군대를 수송하는 배로 사용하자는 제안을 받았다고 알려주었다. 이번 일은 당장 해야 할 특별 용역이라 조건이 너무 좋고, 며칠이면 끝날 일이므로 자신이 책임지고 제안을 받아들였다고 했다. 우리 배는 호위 수송선단 중 한 척이 될 터인데, 배들은 여러 항구에서 서로 다른 시간에 출항해서 랴오둥 반도 동안(東岸)의 다롄 만에 집결하여 무장 함대의 보호 아래 군대를 출발시킬 예정이었다. 지체할 시간이 없었으므로 우리는 닻을 올리고 다롄 만을 향해 가능한 한 빨리 출발해야 했다.

같은 날 오후 중국측 감독관 두 명이 배를 검사하러 왔고, 그날 저녁 우리는 성조기를 휘날리며 기세 좋게 항구를 빠져나갔다. 물론 그 순간에는 두려워할 것이 없었다. 다롄에 도착해 보니 배들이 가득했다. 네 척의 수송선이 이미 승선 작업에 들어갔고, 다른 한 척이 우리 다음으로 도착했다. 모두 열두 척의 전함들이 당당하게 정렬해 있었는데, 두세 척 외에는 모두 북양함대(North Coast Squadron) 소속이었다. 또한 네 척의 어뢰정이 있었다. 가장 강력한 배는 천위언(Chen-Yuen)호와 틴위언(Tin-Yuen)호로 영국에서 건조되었고, 고정 포탑을 갖춘 7,280톤급이었다. 킹위언 (King-Yuen)호와 라이위언(Lai-Yuen)호 역시 고정 포탑을 탑재했으나 2,850톤으로 조금 작았다. 다음으로 핑위언(Ping-Yuen)호는 2,850톤급으로 장갑판을 갖춘 해안 경비정이었다. 포탑함 쓰위언(Tsi-Yuen)호는 2,320톤급이었고, 치이위언(Chih-Yuen)호, 층위언(Ching-Yuen)호, 쾅카이(Kwang-Kai)호, 쾅팅(Kwang-Ting)

호는 모두 2,300톤급으로 장갑판을 갖춘 순양함이었다. 차오융(Chao-Yung)호와 양웨이(Yang-Wei)호는 각각 1,400톤급으로 장갑을 덮지 않은 순양함이었다.

이번 항해를 위해서 톈진에서 중국인 대리인 한 사람을 태운 것을 언급하는 것을 잊었다. 영어를 구사한다고 알려졌지만 사실 그가 하는 말은 거의 알아들을 수가 없었다. 나는 그에게 중국 전함의 이름을 번역해달라고 부탁했는데, 그 일은 내 친구 린웡(Lin Wong)의 영어 구사 능력을 크게 벗어나는 일이었다. 내 생각에 그는 '치이위언' 혹은 '쾅카이'와 같은 말에 함축된 시적 심상을 무미건조한 우리말로 옮기려면 '너무 많은 단어들'이 필요하다고 이야기했던 것 같다. 여전히 나는 그 이름들이 무슨 뜻인지 모른다.

기함(旗艦)에서 보트 한 척이 우리 배로 빠르게 다가왔다. 린웡은 승선한 장교에게 급사(steward)로서 그가 수행할 임무를 설명했고, 우리는 상륙 때까지 해야 할 일들을 순서대로 듣고 수송할 인력을 넘겨받았다. 부대는 [각각] 다롄과 킨처우에 이르는 도로들을 따라 도착하고 있었다. 대부분 기강이 잡히지 않은 무리로 보였고, 정해진 순서도 없이 줄줄이 배에 올랐다. 한 장교가 여기저기 소리를 지르고, 몸짓을 하고, 호루라기를 불면서 해변을 따라 몰려드는 인파를 통제하고 있었다. 승선한 숫자는 어림잡아 1만 8,000명쯤이었다. 또 많은 양의 군수품을 선적해야 했으므로 우리는 충분히 바빴다. 저녁에 나는 해변에 있다가 배로 돌아가는 팅(Ting) 제독을 얼핏 봤다. 그의 전용 보트가 컬럼비아호 옆으로 가깝게 지나갔던 것이다. 그는 쾌활하고 젊어 보였는데, 그 표정이나 몸가짐이 우리가 흔히 정말 신사답다고 하는 모습이었다. 그가 웨이하이웨이가 무너진 후 자살로 자신의 실패를 갚았다는 것은 잘 알려진 사실이다.

우리가 도착한 후 이틀째 되는 날 모든 준비가 끝났고, 정오 직전에 기함은 우리에게 닻을 올리라는 신호를 보냈다. 중국 해군은 영국식으로 훈련받았고, 중국어의 그 곤란한 특징 때문에 모든 임무는 영어로 전달되었다. 장교들과 수병들이 배를 움직이기 위해서 사실상 외국어를 배워야 한다는 것은 분명히 불리한 점이었다. 수송선들이 한데 모였고, 전함들은 나란히 또 앞쪽에 각 구역에 따라 배치되었으며, 재빠른 어뢰정들이 맨 뒤에 자리를 잡았다. 우리의 목적지는 중국과 조선을 나누는 큰 강, 압록강 어귀였다. 우리는 9월 14일에 다롄을 떠나 16일 오후에 강에 도착했다. 그 전날 조선의 평양에서 중국군 1진이 지독한 패배를 당했다는 소문이 의주로부터 전해졌지만 하선 작업은 즉시 시작되었다. 조선에서 그들의 입지를 지키는 게 이제는 불가능해졌는데도 바로 다음날, 반도 내륙과 통신할 수 있는 지점으로부터 그렇게 멀리 떨어진 곳에 부대를 아무렇게나 상륙시켰다는 것은 중국의 대책이 시종일관 우스울 정도로 비효율적이었다는 것을 보여주는 것이었다.

전함들은 강어귀 건너편에 닻을 내렸고, 수송선들은 좀더 상류로 올라갔다. 물론 작은 어촌들이 수없이 흩어져 있었지만, 이 무명의 지역에서 의주는 그마나 어느 정도 규모가 있는 유일한 부락이었다. 군인들은 강둑을 따라 숙영지를 세웠다. 16일 밤이 되자 멋진 광경이 펼쳐졌다. 숙영지의 불빛이 황량한 강가를 따라 멀리서 빛났고, 여기저기 불을 밝힌 전함의 거대한 모습이 멀찍이 보이는 가운데 야만인처럼 보이는 사람들의 무리가 소름끼치는 어둠에 싸여 있었다. 우리는 밤 늦게까지 일하고 해가 뜨자 작업을 재개했는데, 찬란한 아침놀은 모든 것을 선홍색으로 화려하게 물들였다.

압록강 전투(Battle of Yalu)라고 잘못 불린 그 전투에 관해 영국에 처음 도착한 이야기들은 분명히 병사들의 상륙이 진행되고 있는 동안 강어귀에서 전투가 벌어졌다는 것이었다. 내 생각에는 중국인들이 하선 작업을 엄호하면서 매우 불리한 상황에서 전투를 치러야 했다는 식으로 패배의 구실을 만들어내기 위해 이런 이야기들을 지어낸 것 같다. 이 이야기가 어찌된 것이든 작업은 적이 전혀 보이지 않았던 17일 오전 7시쯤 끝났다. 아침 식사를 끝내고 9시쯤 컬럼비아호가 닻을 올리고 강을 빠져나갈 무렵, 함대의 주력은 이미 떠났고, 서너 척의 순양함들과 어뢰정들만 남아 있었다. 우리와 다른 수송선의 선장들은 하선 작업이 끝나는 대로 각자의 항구로 돌아가도 좋다는 통보를 받았다. 컬럼비아호의 경우, H씨의 대리인으로부터 압록강에서 샌프란시스코로 곧장 돌아와 선주에게 보고하고 명령을 받으라는 지시가 첩에게 내려왔다. 우리는 그러나 화물 관리인이었던 린웡의 문제를 처리해야 했는데, 그는 자신을 우리 배로 보하이 만에 데려다주기를 원했다. 우리는 그에게 전함들 중 한 척에 승선시켜주겠다고 제안했지만, 우리가 강을 따라 내려갈 즈음에 전함들은 이미 항해 중이었으므로 그렇게 할 기회가 없었다. 전함들은 강어귀에서 주력 함대를 따라 포트 아서(Port Arthur: 중국어로는 뤼순커우(旅順口)이나 이 책에서는 저자의 용례를 따라 포트 아서라 부른다)를 향해 남미서(南微西)로 키를 잡고 있었다. 우리는 그 전함들을 뒤따르게 되었는데, 다른 한 척의 수송선만이 우리와 같이하고 있었다.

세 시간 동안 우리는 약 12노트로 기세 좋게 나갔다. 정오 무렵 우리는 앞쪽에서 지평선을 따라 자욱한 연기가 피어오르는 것을 봤고, 이어 무겁고 둔탁하게 으르렁거리는 소리가 들려왔는데, 곧 그것이 포성이라는 게 분명해졌다. 우리는 앞서 가던 함대가 적의 공격을 받았다는 것을 바로 직감했다. 우리의 호위선이라던 배는 해안 쪽으로 물러나 있었고, 그 때문에 처음에 나는 그들이 교전을 피한다고 생각했다. 어쨌든 그게 그들의 의도였다고 하더라도 그들은 곧 마음을 바꿔 어뢰정들과 함께 대담하게 버티고 있었다. 우리는 아무런 결정도 내리지 못하고 멈췄다. 우리와 함께 가던 다른 호송선은 이미 완전히 후퇴하고 있었고, 용기보다 조심성이 지나쳤던 린윙은 우리도 같은 길을 택해야 한다고 조언했다. 하지만 첩과 나는 전투가 무척 보고 싶었고, 우리가 중국 기를 달지 않은 데다가 컬럼비아호를 보이지 않는 곳에 잘 숨겨만 둔다면 거기서 전투를 지켜보지 말아야 할 이유가 없다고 생각했다.

따라서 우리는 린윙의 알아들을 수 없는 항의에도 불구하고 랴오둥 반도의 바위투성이 해안의 움푹 들어가 있는 수많은 만(灣)들 중 한 곳에 닻을 내리고 성조기를 높이 달았다. 웹스터에게 배를 맡기고, 첩과 나는 작은 보트 한 척을 끌어내려 전투 현장 쪽으로 나갔다. 우리는 해안 쪽으로 교전이 벌어지는 지역과 1마일

반쯤 떨어진 지점까지 갔다. 먹먹한 귀를 울리며 점점 깊어지는 천둥소리를 들으면서 우리는 지대가 높은 곳에 내려 우리 생각에 가장 높은 지점까지 올라가서 강력한 쌍안경의 도움을 받아 그 장면을 볼 수 있었다. 정말 굉장한 광경이었다. 바람도 거의 불지 않아서 연기의 장막이 짙고 넓게 퍼져 있었다. 그 안개 사이로 진동하듯 떨리는 거대한 전함들의 모습이 흐릿하게 나타났는데, 전함들은 마치 수많은 성난 용들처럼 불을 뿜어대고 있었고, 몇 척은 포탄에 맞아 불타고 있었다. 그 무엇보다도 거대한 포들이 끊임없이 놀라운 진동을 만들어내고 있어서 마치 벼락이 치는 것 같았다.

이때가 오후 2시 반이었고, 전투는 거의 세 시간 동안 진행되고 있었다. 사태를 처음부터 보지 못했기 때문에 우리는 한동안 뭐가 뭔지 알 수 없었다. 전함들은 뒤섞인 채 흩어져 있었고, 양편 어디에도 계획이나 협력 같은 것은 보이지 않았다. 계속 지켜보면서 처음으로 분명해진 사실은 전투가 해안 쪽으로 가까워지고 있다는 것이었다. 처음에는 가장 가까이에 있던 전함들이 바다 쪽으로 한 리그 반(league: 거리의 단위로 약 3마일) 이상 떨어져 있었다. 그런데 45분도 채 지나기 전에 많은 배들이 해안 2마일(약 3.2킬로미터) 이내로 쑥 들어와 있었다. 이것이 너무나 분명했기 때문에 첩은 전투가 끝나기 전에 전함들의 절반은 해안에 있을 것이라고 했다. 물론 이 때문에 우리가 배들을 더 잘 식별할 수 있게 되었고, 존 차이나맨(John Chinaman: 중국인을 비하하는 표현)이 패하고 있다는 분명한 징후들을 보게 되었다. 우리가 상황을 파악하게 되면서 보니 일본군 전함들은 함께 모여 협력하면서 움직이고 있었는데, 적 주위를 돌면서 끊임없이 연속 포격을 퍼부으며 화력과 기동 속도에서 적을 능가하고 있었다. 중국의 몇몇 전함들은 무력해 보였고, 적처럼 협력하는 모습도 보여주지 못했다. 중국 전함들이 용감하게 포격을 하지 않았다는 것은 아니다. 몇몇 전함들은 그들이 맞은 것만큼 포를 쏘고 있었고, 한 척 이상의 일본 전함이 불타고 있었다. 우리가 물론 일본 전함들의 실체를 정확하게 파악할 수는 없었지만, 숫자나 무장에서 중국 함대의 맞수가 되기에 충분해 보였다. 일본 전함들은 특히 두 척의 큰 철갑선, 천위언호와 틴위언호에 각별한 관심을 기울이는 것 같았는데, 그중 한 척은 속사 무기로 여전히 즐거움을 주고 있었지만, 37톤짜리 크룹 대포들은 [일본군의 공격으로] 잠잠해졌다. 3시가 막 지났을 때, 킹위언호는 포탄에 맞아 맹렬하게 불타기 시작했다. 연기 속에서 그 배는 큰 불덩어리 같았는데, 분명히 수평으로 천천히 가라앉고 있었다. 서너 척의 적선들이 그 주위를 돌면서 포탄과 탄환을 맹렬히 퍼붓고 있었다. 마침내 배는 앞뒤로 흔들리며 사라졌고, 불타는 난파선의 맹렬한 불꽃이 있던 자리에 연기 구름이 빨려 들어가며 곧 어둠이 나타났는데, 수백 명이 함께 최후를 맞던 지점에 갑자기 장막이 덮이는 것 같았다. 연속 포격은 잠시 주춤해졌다가 맹렬한 기세로 다시 터지기 시작했다. 이때쯤 일본군의 기함 마츠시마(Matshusima)호도 같은 운명을 맞는 듯했다. 그 배의 뱃머리는 온통 화염에 싸여 있었다. 그러나 화재는 곧 진압되었고, 나중에 그 배는 전투에서 제외되었다.

그동안 중국 전함들은 육지에 더 가까워질 수밖에 없었고, 완전히 부서진 차오융호는 우리가 서 있던 곳으로부터 반 리그쯤 떨어진 지점까지 해안 쪽으로 밀려왔다. 쌍안경 덕택에 우리는 그 배의 상태를 분명히 볼 수 있었다. 배의 윗부분은 산산조각 났고, 갑판에는 팔다리가 잘린 사람들이 흩어져 있었는데, 난파와 학살의 잔해가 한 덩어리로 아무렇게나 섞여 있는 것 같았다. 선원들은 배를 버리고 상륙하기 위해 안간힘을 쓰고 있었다. 뒤이어 양웨이호도역시 산산조각이 나 불타면서 해안으로 떠내려 왔다. 그 배는 훨씬 더 먼 곳에 멈추었기 때문에 그렇게 분명하게 보이지는 않았다. 우리가 봤을 때는 일본 측 전함은 한 척도 가라앉지 않았다. 기함이나 몇몇 소형 전함들의 경우 좋지 않은 상황이었지만, 공격은 엄청난 화력으로 계속되었고, 수많은 신호들은 즉시 준수되었다. 반면에 중국 측에서는 어떤 통솔력도 찾아볼 수 없었다. 전투의 후반부에 그들의 최고 전함들 가운데 또 한 척, 치이위언호가 변을 당했다. 분명 그 배는 오랫동안 어려운 상황이었던 것 같은데, 배의 측면에서 쏟아져 나오는 물살로 판단컨대 증기 펌프들을 계속 사용하면서 애를 쓰고 있는 게 틀림없었다. 아무 지원도 받지 못한 채 그 배는 용감하게 싸웠고, 상갑판과 상포들은 침몰할 때까지 제 역할을 했다. 마침내 뱃머리가 완전히 물에 잠겼고, 선미가 수면으로 높이 솟아올라 프로펠러 돌아가는 것이 잠깐 보이더니 차츰 사라졌다. 우리는 그 배가 침몰할 때 일본 전함들에서 터져 나오던 승리의 환호성을 분명히 들을 수 있었다. 전투 내내 함께 싸웠던 천위언호와 틴위언호가 도우려 했지만 이미 너무 늦었다.

5시, 어둠이 밀려오면서 사격은 급격히 줄어들었고, 대치하던 함대들은 갈라지기 시작했다. 중국 전함 몇 척은 남쪽으로 어둠 속에 사라졌고, 일본 전함들은 먼 바다 쪽으로 천천히 물러났다. 우리는 이제 컬럼비아호로 복귀할 때라고 생각하고, 전투가 재개될 가능성에 대해 이야기하면서 보트로 돌아왔다. 우리는 중국인들이 완패했다는 데 별로 놀라지 않았다. 왜냐하면 중국인의 함대가 영국식 훈련 덕택에 한때는 정말 효율적이었지만, 이제는 효율과는 거리가 멀다고 생각할 만한 충분한 이유가 있었기 때문이다. 다롄 해안가에 머무르면서 나는 치이위언호의 영국인 엔지니어 퍼비스 씨와 이야기를 나누었다. 나는 그에게 같은 전력의 일본 함대와 만난다면 어떤 결과가 나올 것이라 생각하는지 물었다. 그는 군을 제대로 통솔하기만 하면 중국군이 이길 가능성도 꽤 있다고 이야기했지만, 그 점에도 분명히 의심을 품고 있었다.

"그들은 매우 용감해요." 그가 말했다—나는 전투 중에 그들이 움츠리는 모습을 전혀 볼 수 없었다고 장담할 수 있다. "팅은 좋은 사람이지만, 하네켄의 손에 놀아나고 있다"고 그는 이야기했는데, 함대의 외국인 자원자들 중 독일 육군 장교 하네켄 소령을 말하는 것이다. 팅 제독이 그의 말에 의지했고, 그날의 전투를 실제로 지휘했던 게 그였다는 진술들을 고려할 때 그 말뜻은 명백하다. 나로서는 이것이 사실인지 확인할 수 없지만, 이게 정말 사실이라면 외국인 육군 장교가 지휘하는 함대에 재앙이 닥쳤다는 것은 놀랄 일도 아니다. 퍼비스 씨가 두세 척의 전함들(그는 파괴된 차오융호의 예를 들었다)의 보일러가 낡았고, 항해에 적합한 상태가 아니었다고 이야기해준 것도 기억난다. 기강이 느슨해져서 명령에 복종하지 않거나 무시하는 일도 있었던 것 같다. 일례로 기함의 사령탑에서 타전된 지시들이 서로 달랐다거나 통신 장교에 의해 은폐되었고, 나중에 엔지니어의 기록과 비교해본 결과 이것이 사실로 드러났다는 주장이 있다.

나는 근대 해전의 '다크호스', 즉 공포와 논란의 대상이었던 어뢰가 이 전투에서 상대적으로 사소한 역할만 했다는 데 무척 놀랐다. 양측 함대에는 여러 척의 어뢰정이 있었다. 물론 내가 이야기한 대로 중국의 어뢰정들은 전투가 한 시간 이상 진행될 때까지도 전투에 뛰어들지 않았지만 말이다. 일본군은 교전 동안 어뢰를 전혀 사용하지 않았다고 단언할 수 있는데, 이것이 사실이든 아니든 그 무기는 단 한 차례도 적에게 효과적인 타격을 가하지 못했다. 내가 관찰한 바로는 어뢰는 전함들이 아주 가까운 거리에 있지 않으면 적중률이 너무 낮아서 효과적인 전투의 주역이 되기는 어려운 것 같았다. 특수 제작된 보트가 매우 가까이 돌진해서 목표물을 확인할 수 있다면야 물론 위협적일 것이다. 이 경우에도 속사포로 폭풍처럼 사격한다면 꽤 적절하게 [함대를] 보호할 수 있을 게 분명하지만 말이다. 분명히 어뢰정이 제 기회를 얻지 못한 것도 사실이지만, 결과적으로 어뢰의 공포는 과장된 것이며 포가 여전히 해전의 주역인 것 같다. 아마도 어뢰정은 정박해 있는 전함

이나 함대에 대한 기습 공격에 가장 유효할 것이다. 웨이하이웨이
의 경험은 이를 실제로 보여준 것이었다.

제 3 장
고립

우리가 컬럼비아호를 세워놨던 곳으로 되돌아왔을 때는 이미 날이 한참 어두워져서 웹스터가 우리를 인도하기 위해서 등을 달아놓지 않았더라면 배가 어디 있는지 찾지 못했을지도 모른다. 배에 다시 오르고 증기를 뿜으며 우리는 먼 바다로 침로를 잡았다. 컬럼비아호로부터 〔다른 배에〕 옮겨 탈 기회가 없었던 중국인 대리인만 없었으면 우리는 황해로 곧장 달아났을 것이다. 그를 바다로 던져버리자는 이야기도 나왔지만 받아들여지지 않았고, 포트아서로 항로를 유지하기로 결정했는데, 우리는 거기서 항로를 이탈하지 않고도 그를 처리할 수 있을 터였다. 게다가 우리는 함대들 사이에 전투가 또 벌어지지 않을까 궁금하기도 했다. 그러나 그런 일은 일어나지 않을 운명이었다. 일본군의 주장에 따르면 아침에 공격을 재개하려고 후퇴하는 중국군과 나란히 항로를 유지했지만, 밤사이에 그들을 놓쳤다는 것이었다.

우리는 19일에 포트 아서에 도착했고, 키잡이를 구해 항구로 들어갔다. 우리는 그곳에서 패배한 함대에 속한 전함 두 척, 핑위 언호와 쾅팅호를 보았을 뿐이다. 핑위언호의 손상 정도는 심한 것 같지 않았지만, 쾅팅호가 입은 피해는 분명 심각했다. 좌현 일부가 부서져 있었고, 수상부는 파괴되었으며, 철판은 심하게 구겨지거나 움푹 패어 있었다.

웨스트 포트(west port)에 닻을 내린 직후, 나는 린웡을 해안으로 데려가기 위해 보트 한 척을 내렸다. 조선소에서 그는 빠른 증기 론치(Launch: 함선에 싣는 대형보트)가 속보를 전달하기 위해 이틀 안에 톈진으로 떠난다는 것을 확인했고, 그 배편으로 되돌아가기로 했는데, 독자들은 거기서 그가 컬럼비아호에 탔다는 것을 기억할 것이다. 그가 포트 아서를 잘 아는 것 같아서 나는 그에게 나를 데리고 다니면서 남은 두세 시간 동안 볼 수 있는 것은 다 보여달라고 부탁했다. 컬럼비아호는 저녁에 다시 닻을 올릴 예정이었다.

포트 아서, 혹은 본토 이름으로 뤼순커우(Lu-Shun-Kou)가 대체로 어떤 곳인지는 전쟁의 경과에 관심을 기울인 사람들에게는 꽤 잘 알려져 있다. 지도를 보면 그 위치는 랴오둥 반도의 최남단인 동시에, 반대편 갑(岬)에 있는 웨이하이웨이의 가공할 요새들과 함께 보하이 만의 입구에 있다. 비록 지금은 중국 제국의 주요 병기창과 해군 병참부가 있는 곳이지만, 이 항구는 꽤 최근에 만들어진 곳으로 해군 조선소 설립이 결정된 1881년에야 비로소 주목받기 시작했다. 그때까지 그곳은 목재 교역에 이용되거나 압록강으로부터 보하이 만으로, 혹은 남부로부터 뉴촹(Niuchang), 서친저우(West Chin-chou)로 화물을 운반하는 정크선들의 항구로 사용되었을 뿐이다. 본국의 계약업자들이 일을 완전히 망쳐버렸기 때문에 항구는 어느 프랑스 회사가 맡아 완공했다. 그때부터 그곳은 60, 70채의 흙집들과 몇몇 상점들이 있는 보잘것없는 촌락에서 가옥 1,000채 이상, 큰 극장 2곳, 사원 2곳, 수많은 은행과 여관들을 갖춘 도시로 성장했다. 일본군 침략 당시에 인구는 대략 5만 6,000명이었고, 또 7,000명의 주둔군이 있었다. 항구는 무척 넓었고, 준설선들이 지난 몇 년간 항구 진입로를 넓히기 위해 계속 공사를 하고 있는 중이었다. 모래톱을 12피트에서 25피트로 파서 군함들이 언제나 정박할 수 있도록 만들어놓았다. 독분지(dock basin)는 이스트 포트(east port)라 불렸는데, 32에이커의 넓이로 항구 입구 오른편의 빼어난 절벽들 뒤쪽에 건설되었고, 반대편의 자연항(웨스트 포트)은 호랑이 꼬리(Tiger's Tail)라고 불리는 길고 좁은 모래톱을 끼고 있었다. 독분지는 간조기에 그 깊이가 25피트 정도 된다. 대규모의 선창과 부두가 많았는데, 거기에는 증기 크레인이 갖추어져 있었고, 최신 기계와 엔진을 두루 갖춘 작업장은 철도로 연결되어 있었다. 조선소와 도시의 상당한 지역은 북쪽으로 4마일 정도 떨어진 수원지로부터 파이프로 전달되는 신선한 물을 공급받았다. 어뢰정들을 위한 조금 작은 선창이 있었고, 그 무기들을 만들고 시험하는 어뢰 창고가 있었다. 항구의 진입로는 수뢰로 방어되었는데, 어떤 것들은 부실하게 설치되거나 깊이가 잘못 맞춰져 수면 위로 드러나기도 했다.

그곳은 자연 조건과 인간의 기술이 만나 방어하기에 아주 유리했다. 300피트에서 1,500피트(약 457미터) 높이의 언덕들이 항구와 도시를 거의 완벽하게 둘러싸고 있어서 강력한 요새를 구축할 수 있었고, 건설할 때 그런 이점들을 잘 활용해서 거대하고 높은 석재 요새들을 유리한 지점들마다 세워놓았다. 요새들은 독일인들이 세운 것 같았다. 거기에는 크룹과 노덴펠트(Nordenfelt) 사의 중포들이 가득했다. 해안의 고도는 80피트에서 410피트까지 다양했다. 내륙 방어물은 해안 방어물에 비해 새것인데도 오히려 더 빈약해 보였는데, 해안 방어물에는 21~24센티미터 구경의 중포들이 배치되어 있었다. 요새들에는 모두 참호, 사격호, 개방 보루 또는 성벽으로 둘러싸인 주둔지들이 있었다.

포트 아서는 그런 곳이거나 혹은 그랬었다. 주위에서 토루들이 급격하게 무너질 때까지 투르크인들이 러시아가 총동원한 전력에 맞서 몇 달 동안 플레벤(Pleven)을 지켰던 것을 생각해보면, 그처럼 강력한 항구가 그렇게 쉽게 무너졌다는 것에 놀라지 않을 수 없다. 제대로 방어만 했더라면 기근 외에는 무엇도 그곳을 무너뜨릴 수 없었을 것이다. 해안 방어물은 난공불락이고, 다소 공격에 취약하기는 해도 내륙 방어물들 역시 압도적으로 우세한 병력이 아니라면 무너뜨릴 수 없을 것이다. 당시 나는 그곳에 투입된 일본군 2만 명이 과연 48시간 내에 오스만 파샤(Osman Pasha)의 군대로부터 〔플레벤〕 요새를 탈취하는 것을 볼 수 있을까 싶었다. 그러나 일본 장군들은 적의 전력을 완벽하고 냉정하게 파악했다. 사실 1/3의 병력이면 그 우스운 병사들로부터 포트 아서를 빼앗을 수 있었다.

평시에 주둔군은 7,000명에 달하지만, 일본군의 공격 이전에 2만 명으로 증강되었다. 이것도 부족했다. 전시에는 적어도 3만 명은 요새에 주둔했어야 했고, 4만 명도 많은 수가 아니었다.

내가 거기 있을 때 그곳의 우두머리는 타오타이(Taotai), 즉 지사 쿤(Kung)이었다. 내가 듣기로 그는 잉글랜드 대사와 형제였다. 그는 문관이었고, 군사 책임자들은 쑨(Tsung)과 쥐(Ju) 장군이었다. 자기 마음대로 아무 데나 자리 잡고 있던 병사들은 투박하고 거친 무리들이어서 우리가 군대라면 떠올리게 되는 세련된 복장과 몸가짐이라고는 찾아볼 수 없었다. 어디에나 깃발들이 당당히 걸려 있었는데, 마치 황제의 깃발을 높이 걸어놓는 것만으로도 그곳이 신성해져서 적들이 무엄하게 발을 들여놓지 못할 것이라 믿는 듯했다. 도시는 매우 깔끔하고 아담해서 내가 가본 유일한 중국 도시였던 톈진에 비해 무척 마음에 들었다. 톈진에는 도심의 괜찮은 거리 한두 곳을 빼고는 대개 좁고, 더럽고, 냄새나는 골목들뿐이었다. 유럽인들이 건설을 감독하고, 아주 최근에야 정착이 시작된 곳답게 포트 아서는 훨씬 더 잘 지어지고, 바쁘고 번화하다. 아니, 곧 슬프고 한탄스러운 처지로 전락했으므로, 그랬던 곳이라 해야 할 것이다.

황혼 무렵 나는 바자처럼 상점들이 즐비하고 기이한 조명들이 빛나던 거리를 떠났고, 동양의 예의 범절에 맞게 내가 안전하게 승선하는 모습을 봐야겠다고 주장하는 내 중국인 친구의 호위를 받으며 항구로 돌아왔다. 정말 달갑지 않은, 충격적인 일이 나를 기다리고 있었다. 컬럼비아호를 찾을 수 없었던 것이다. 린웡이 알아보니 배는 이미 한 시간 전에 떠났다는 것이었다. 우리는 배를 인도한 수로 안내인을 찾아내 배가 남동쪽으로 곧장 나갔다는 이야기를 들었고, 따라서 배는 항구 밖에서 나를 기다리고 있을 가능성도 없었다. 도대체 그게 무슨 뜻인가? 실수로 내가 배에 타지 않았다는 것을 잊은 것이라고 짐작할 수밖에 없었다. 혹시 내가 해안에 남아 있다는 사실이 발견되면 배가 되돌아올지도 모르지만, 그동안 나는 뭘 할 것인가? 린의 제안이 그 어려움을 해결해주었다. 컬럼비아호가 되돌아오지 않는다면, 그를 톈진으로 곧 데려다줄 배에 나도 얻어 탈 수 있을 것이고, 거기서 상황에 따라 행로를 정할 수 있을 것이다. 이것만이 그럴듯한 계획 같았으므로 나는 이 터무니없는 불운에 대해 마음속으로 저주하며 그 대리인이 잠시 머물기 위해 빌려놨던 여인숙에 함께 갔다. 포트 아서에는 그런 곳이 대여섯 군데 있다. 서너 곳은 아주 형편없는 오두막에 불과한 것으로 도시가 궁상스러웠던 옛 시절부터 있었고, 새로 지어진 것들은 꽤 널찍하고 편안한 곳이었다. 우리가 머무른 곳은 북동쪽 요새들을 향한 진입로의 초입에 있었다. 내가 머무른 집의 주인장은 어깨가 떡 벌어지고 뚱뚱한 중국인 쓰엔(Sen)이었다. 포트 아서에는 '외국 악귀들'이 흔했으므로 몇몇 하인들은 극동에서 마치 동방의 링구아프랑카(linguafranca)처럼 쓰이는 피진 영어(pidgin English)라는 이상한 사투리 덕분에 고용된 이들이었다. 린의 도움 덕택에 어려운 점들은 대개 해결되었고, 조금 연습하니 그 말도 쉽게 이해할 수 있었다. 다행히 내 수중에는 미국 돈이 꽤 있었는데, 상당히 손해를 보기는 했지만 린의 도움으로 어느 은행에서든 환전할 수 있었다. 그 외에 나는 만족하고 편안하게 지냈고, 위스키 말고는 부족한 것도 없었다.

제 4 장
탈출

쾌속 문서 송달선이 출발할 때까지 하루 한나절 동안 흥미로운 일은 전혀 없었다. 배는 나와 중국인 대리인을 싣고 밤을 틈타 꽤 정확한 시간에 항구를 빠르게 빠져 나갔다. 늘 그렇듯 불운은 혼자 찾아오지 않는 법, 내 경우도 마찬가지였다. 우리가 출발한 다음날 아침에 안개가 매우 짙게 꼈고, 정오쯤 되자 속도를 절반 이하로 줄여야 했다. 어두침침한 안개 사이로 갑자기 아무 경고도 없이 일본 포함 한 척이 좌현 기수 가까이에 불쑥 나타났다. 시도 때도 없이 과시하는 것을 우스울 정도로 좋아하는 중국인들은 선미의 봉에 깃발을 휘날리고 있었다. 포함의 일본인들이 그것을 알아봤고, [우리 배를] 세우려 하지도 않고 상부의 기관총으로 포문을 열었다. 총탄이 폭풍처럼 갑판을 휩쓸었고, 거기 있던 사람들 중 절반은 쓰러져 죽거나 부상을 입었다. 탄환 한 발이 기계처럼 정확하게 내 모자의 챙을 잘라버렸고, 내 머리 위에 남아 있던 모자는 한 바퀴 돌아가 버렸다. 속력을 내기 위해 뭔가 해보기도 전에 속사포는 우리 사이로 격렬하게 여러 차례 포화를 내뿜었다. 기계들은 손상되었고, 우리 배는 속절없이 빙빙 돌면서 빠르게 침몰하고 있었다. 우리에게 있던 별로 크지 않은 두 척의 보트 중, 한 척은 포격으로 산산조각 났으므로 우리는 남은 한 척을 최대한 빨리 내렸다. 그 보트에 인원이 꽉 차자 남은 사람들은 바다로 뛰어들었고, 30초도 채 안 되어 배는 가라앉았다. 갑작스러운 재난에 슬퍼하던 생존자들은 포로 신세가 되어 파괴자의 갑판 위에 있음을 알게 되었다.

그 배는 약 500톤급의 포함 이츠쿠호로 두세 척의 배들과 함께 그 만에서 정찰하던 중이었는데, 안개 때문에 동행을 잃어버렸다. 그 배에는 영어를 한 마디라도 하는 사람이 한 명도 없었지만, 몇 명은 중국어를 제법 했고, 함포 장교는 프랑스어를 웬만큼 구사했다. 독자들은 프랑스어에 관한 내 지식이 나의 8만 파운드와 맞바꾼 것 중 큰 부분을 차지한다고 언급했던 것을 아마 기억할 것이다. 그들은 우리 배를 어뢰정이라고 착각했고, 중국기를 봤기 때문에 그렇게 위험한 이웃에게 발포하는 데 조금도 주저하지 않았다고 했다. 우리의 정체를 알았음에도 그들은 전혀 기뻐하지 않았다. 그들의 경거망동 때문에 중요한 속보들을 획득하여—내 생각에 그들은 그 일을 했음에도 불구하고—승진이나 포상을 할 수 있는 작은 기회를 날렸다고 생각했기 때문이다.

나는 한 달도 넘게 이 배에 머물렀다. 중국인들은 물론 전쟁 포로였지만, 나를 그렇게 억류할 근거는 전혀 없었다. 나는 어떻게 컬럼비아호에 오르지 못하고 포트 아서에 남게 되었는지 설명했지만, 물론 그 배가 전쟁 물자를 중국에 공급하는 일을 맡았다는 어떤 낌새도 보여주지 않았다. 나는 나를 체포한 이들이 이런 설명에 만족할 것으로 생각했지만, 곧 내 정체에 대해서 그들이 나름대로 짐작하는 게 있다는 것을 알게 되었다. 어느 날 내가 중국인들의 해군 교관이 아니냐는 노골적인 질문을 받았기 때문이다. 나는 양심에 거리낌 없이 그런 의심을 부정할 수 있었지만, 그런 의심은 당연해 보였을 뿐만 아니라 의심을 풀어줄 수도 없을 것 같았기 때문에 그 같은 질문에 깜짝 놀라지 않을 수 없었다. 거들먹거리고 다소 퉁명스러웠던 포함의 지휘관은 고개를 저으며 그 문제를 생각하는 데 시간이 좀 필요하다고 말했다.

분명히 그는 시간을, 그것도 아주 오래 끌었다. 하지만 프랑스어를 구사하는 히시디 중위 덕분에 우리는 좋은 대우를 받았고, 선원 중 이야기를 나눌 만한 유일한 사람이었으므로 나는 그와 친하게 지냈다. 그는 나와 린윙을 위해 별도로 작은 선실을 임시로 만들게 했고, 우리가 편안하게 지낼 수 있도록 여러모로 보살펴주었다. 내 친구 린에 대해서 말하자면, 기관총 탄환을 한 발 맞아 오른쪽 갈비뼈에 심한 총상을 입었고, 포로가 된 처지에 대해 매우 낙담했지만 다른 면에서는 괜찮았다고 할 수 있다. 그와 나는 다른 포로들에 비해 더 많은 자유를 허락받았고, 억류된 것을 제외하고는 별로 불평할 것도 없었다.

처음에 나는 당연히 주위를 돌아보고 일본 선원들과 전함을 살펴보는 데 큰 흥미를 느꼈다. 배의 전투 준비 상태는 최상이었고, 매우 깨끗하고 모든 면에서 설비가 잘 갖춰져 있었으며, 임무는 전함답게 완벽하고 기민하게 수행되었다. 능동적이고 영리하며 의지가 굳센 작은 선원들을 보며 우리 여왕 폐하의 해군처럼 최고의 해군도 한번 겨뤄볼 만하다고 생각할 것이라는 느낌이 들었다. 나는 그들이 매일 포 훈련을 받았던 것을 기억하는데, 코우퉁(Kowtung) 호—그것이 그 불운한 문서 송달선의 이름이었다—를 침몰시킬 때 보여준 신속함과 정확함은 그들의 조준이 정확하다는 좋은 증거였다.

히시디 중위와 나는 주로 그의 경계 근무 동안 많은 이야기를 나누었는데, 우리의 대화는 대개 전쟁과 항해에 관한 것이었다. 중국인들에 대한 그의 경멸은 끝도 없었는데, 분명 그럴 만도 했다. 그는 일본 함대와 육군은 전쟁의 결말에 대해 조금도 의심치 않는다고 했다. 적들에 대해서 그들은 어떤 일도 할 수 있고, 어디라도 갈 수 있을 거라고 했다. "바다에서건 땅에서건 우리가 다스리지 못할 건 아무것도 없어요." 그는 이렇게 단호하게 말했다.

"우리는 오랫동안 이 전쟁을 준비해왔고 우리가 무엇을 할 수 있는지 잘 알고 있습니다."

나는 불과 30년 전만 해도 유럽과의 교역과 유럽의 이념들에 굳게 문을 닫았던 일본 같은 나라가 서양 문명 체제를 받아들이고 수용하는 데 보여준 놀라운 속도에 관해 언급했다.

"그래요." 그가 대답했다. "우리는 배울 수 있고, 배웠습니다. 왜냐하면 우리는 그 지식이 우리에게 엄청난 이익이 될 거라는 것을 알았기 때문입니다."

프랑스에서 지낸 적이 있었으므로 그는 프랑스의 조선업과 선원들의 자질을 매우 존경하듯 이야기했는데, 만약 전쟁이 나면 영국 해군이 과거와 마찬가지로 프랑스에 우위를 차지할 것이라는 내 주장을 의심스러워했다. 또 히시디는 해군사(海軍史)에도 밝았다.

"당신 나라 해군이 그들보다 훨씬 규모가 크니까 그럴 수도 있겠지요." 그는 말했다.

그러나 나는 우리 해군의 승전들은 대개 수적인 우위로 거둔 것이 아니었다고 지적했다. 물론 내가 인정한 점도 있었다. "우리가 분명히 다른 유럽 열강의 군사력의 두 배 이상을 보유하고 있기 때문에 그들 중 어느 나라도 혼자서 우리를 공격하려 하지 않지요. 그들이 그렇게 한다면 아주 단시간 내에 박살 나 고물이 된 배들이 대부분 다운스(Downs: 영국 켄트 주의 정박지)로 끌려올 거라는 것을 알거든요. 하지만 수적인 우세를 차치하더라도 여전히 영국 선원은 한 척의 배로 프랑스인에 비해 더 많은 것을 할 수 있습니다. 분명히 상황은 아주 달라졌어도 최고의 선원은 새로운 상황을 최대한 이용할 수 있으니 말이지요."

그는 믿을 수 없다는 듯 고개를 저었고, 영국과 프랑스가 전쟁하는 것을 봤으면 좋겠다고 말했다.

"뭐 당신 생전에 볼 수 있을지도 모르지요. 그것도 당신이 노인이 되기 전에 말이에요. 당신은 영국과 세계 국가들의 절반이 전쟁을 해서 영국이 승리하는 걸 볼 수 있을지도 몰라요. 전에도 한두 번 그런 일이 있었지요." 내가 말했다.

한번은 러시아에 대해 이야기하고 있었는데, 히시디가 이렇게 말했다.

"러시아는 중국을 원해요."

"러시아는 모든 것을 원합니다." 나는 말했다.

"아, 그건 그들이 당신 나라에 대해서 이야기하고 있는 것이지요." 그가 대답했다.

그에게 어뢰정을 어떻게 생각하는지 물은 적도 있다.

"음, 어뢰에 대해 우리가 다 아는 건 절대 아니에요. 아직까지 그걸 어떻게 사용해야 할지 불확실하거든요. 그게 효력을 발휘하면 언제나 치명적인 위력을 보여주지만 말이지요. 포격으로 그것을 무력화시킬 수 있을 것 같아요. 다시 말해 그것을 멀리 떨어뜨려놓을 수 있단 말이지요. 왜냐하면 일단 맞으면, 어떤 구조물도 200파운드의 솜화약이 수면 밑의 선체에서 폭발하는 것을 견딜 수 없으니까요. 그런 참화에는 어떤 방수 선실도 소용없을 겁니다. 순양함 같은 전함들이 빠르고 무거운 속사 무기를 장착하면 어뢰정을 상대하기에 최적인데, 그런 배 가까이에 어뢰정이 다가가는 것은 꽤 어려운 일이지요. 최근에 건조된 배는 상당히 길어지고 있는데, 그건 더 큰 목표물이 되는 셈이라 어뢰의 타격 기회를 높여주지요. 적당한 크기, 무기를 지나치게 장착하지 않는 것, 속도, 충분한 석탄 공급, 그리고 가능한 많은 속사포를 장착하는 것, 내 생각에 현재로서는 그게 제일 좋은 전함이에요. 어뢰정에게 격침당할 것을 무릅쓰고 괴물처럼 거대한 선박들을 건조하는 정책은 의심스러운 짓이지요. 그런 조건에서라면 기동이 쉽고 신속한 것이 엄청난 무게의 포와 장갑보다도 더 유리할 것으로 보이는데, 왜냐하면 어뢰의 공격은 다른 어떤 무기로도 무력화할 수 없는, 그런 부분을 겨냥하니까요."

이것이 내가 중위와 나눈 이야기의 대강이지만, 지적인 교류의 매력에도 불구하고 나는 곧 억류 상태가 몹시 지겨워졌다. 매일매일 이츠쿠호는 다른 선박과 함께, 또 어떤 때는 단독으로 여기저기 순찰을 돌았다. 적은 시야 밖 멀리 있었고, 그런 단조로움을 바꿔줄 일도 거의 일어나지 않았다. 한번은 두 척의 중국 포함이 처푸(Chefoo)에서 멀지 않은 곳에서 발견되었는데, 일본군은 그 배들에 포격을 가해 웨이하이웨이로 몰아내는 것으로 그날의 포 사격 연습을 대신했다. 그 배들은 비겁하게 도망쳤고, 싸우려는 태도라고는 눈 씻고 찾아봐도 없었다. 이츠쿠호가 더 빠른 배였다면 틀림없이 한 척을 포획하거나 파괴했을 것이다. 그 배의 최고 속력은

16노트가 되지 않았다. 또 한번은 랴오둥 서안에서 내 생각에 연안 교역에 쓰이는 정크선 선단을 만났다. 그 선원들은 배를 해안으로 몰고 가서 뭍으로 도망쳤고, 그 사이에 일본군은 오도 가도 못하는 정크선들에 포탄을 퍼부었다. 장교들은 포를 조준하고 포탄이 적중했는지 내기하며 즐거워했다. 볼만한 모닥불 같은 것이 만들어졌을 때쯤 우리는 그곳을 빠져나갔다.

이런 일이 한 달도 넘게 계속되었다고 나는 말했다. 그 포함의 순찰 구역은 웨이하이웨이의 위압적인 요새들 아래쪽, 포트 아서 반대편의 보하이 만 입구 근처였다. 비록 일본 전함들이 계속해서 맴돌고 있었지만, 보하이 만에 대한 정식 봉쇄 조치는 없었던 것 같다. 내 생각에 중국 함대는 웨이하이웨이 항에 적당히 숨어서 밖으로 나올 생각이 없었다. 한번은 히시데에게 언제 웨이하이웨이와 포트 아서를 공격할 것인지 물었다.

"오." 그는 말했다. "우리는 때를 기다리고 있어요. 아직 때가 되지 않았어요."

영국 전함들이 자주 보였지만, 이츠쿠호의 지휘관은—나는 그의 이름을 까맣게 잊어버렸다—그중 한 척에 나를 태워주거나 아니면 일본군 제독에게 데려다 달라는 내 요구를 완전히 묵살했다.

10월이 지나가고 있었고, 내 포로 신세가 끝날 날은 멀어 보였다. 나는 내 스스로 그 상황을 끝내야 했다. 어느 날 저녁—11월 4일이나 5일쯤 될 것이다—우리는 포트 아서 바깥쪽에 있었다. 황혼 무렵 전함은 닻을 내렸고, 보트 한 척이 어떤 정찰 임무로 급파되었다. 해안까지는 1마일도 채 안 되었고, 내가 전함의 앞부분 현장(舷墻)에 기대고 있을 때, 들키지 않고 바다로 뛰어들 수만 있다면 거기까지 쉽게 헤엄쳐 갈 수 있을 것 같은 생각이 들었다. 웹스터가 가르쳐준 덕택에 나는 수영을 무척 잘했다. 나는 주위를 둘러보았다. 누구도 나를 눈여겨보지 않는 것 같았고, 주위에는 불빛도 없었다. 나는 당장 결심했다. 나는 가능한 한 앞쪽으로 몰래 나가 기회를 엿보다가 닻걸이 옆에서 자세를 잡고 뛰어들어 닻줄을 붙잡고 내려갈 작정이었다. 캄캄한 데서 뛰어드는 것은 잘 알다시피 무모한 짓이다. 내가 도약하려 할 때 배는 침로를 바꾸었고, 나는 줄을 잡지 못하고 풍덩 하는 큰 소리와 함께 바다에 빠졌다. 현문(舷門)의 보초가 그 소리를 듣고 뛰어와서 헤엄치는 나를 향해 탄창에서 탄이 떨어질 때까지 사격했다. 그러나 나는 앞으로 곧장 나아가는 길을 피해서 헤엄쳤고, 결국 탄환을 피할 수 있었다. 보트 한 척이 곧 내려지고, 맹렬한 추격이 시작되었다. 그러나 내 출발이 좋았고, 그들은 처음에 내가 어느 방향으로 갔는지 갈피를 잡지 못했다. 나는 힘차게 헤엄쳐 빠르게 전진했지만, 옷을 입고 수영하는 것은 어려웠다. 게다가 물은 무섭게 차가워서 뼛속까지 추위가 스며들기 시작했다. 조류가 내게 매우 유리하다는 것을 알 수 있었고, 해안에서 사람들이 소총 사격 소리를 듣고 뭐가 앞으로 오고 있는지 보려고 탐조등을 켜지 않았다면 보트는 나를 찾을 수 없었을 것이다. 해안까지 가려면 족히 1/4마일이나 남았고, 비록 수백 야드쯤 떨어져 있었지만 보트는 거의 나와 나란히 움직이고 있었다. 주변에는 요새가 없었지만, 왼편 멀리 우뚝 솟은 곳에 시커먼 덩어리가 보였다. 밝은 광채 때문에 추격자들에게 내 모습이 드러났고, 그들은 보트를 내 쪽으로 돌리고 있는 힘껏 속도를 냈다. 그들은 빠르게 다가왔고, 나는 죽었다 생각하고 단념했다. 해안을 따라 맹렬한 소총 사격이 딱딱 소리를 내기 시작했고, 탄환들이 불쾌할 만큼 나와 가깝게 수면을 따라 자주 스쳐갔다. 나는 계속해서 몸부림쳤지만, 그 일이 내 노력으로만 결판났다면 어쩔 수 없이 다시 잡혔을 것이다. 가까운 곳에 두세 문의 박격포가 있는 작은 해안 포대가 있었고, 해안을 향해 대담하게 항로를 유지하고 있던 보트에 포탄이 떨어졌다. 그때 나는 거기서 1백 야드도 안 되는 거리에 있었다. 나는 그 발사체의 첫소리를 들었고, 그것이 내 쪽으로 번쩍이는 포물선을 그리는 것을 보았다. 나는 마지막 힘을 다해 잠수했다. 내가 들어갈 때, 그것의 폭발음이 귀를 울렸다. 내가 다시 떠올랐을 때, 보트는 서너 개의 노가 망가진 채 서둘러 돌아가고 있었다. 포탄이 그들 근처에 얼마나 가까이 떨어졌는지 알 수 없었다. 물론 사격술보다는 우연이 더 중요하게 작용했겠지만, 해안의 병사들은 파편들이 튀어 나가는 것까지 계산에 넣고 있었다. 포함은 증기를 뿜으며 버티고 서서 응사하고 있었다. 나는 전력을 다했고, 마침내 해변에 이르렀는데, 감각이 없어지고 힘이 다 빠져 도움을 받지 않고서는 서 있을 수도 없었다. 중국 병사들이 나를 둘러싸고 질문을 퍼부었지만, 설령 내가 중국어를 할수 있더라도 답할 수 없는 것들이었다. 내 상태를 이해하고, 그들은 나를 참호 뒤쪽에 있는 위병소 같은 작은 건물로 데려갔다. 그들은 돌바닥 중간에 훨훨 타는 장작불을 피웠고, 내가 젖은 옷을 벗고 몸을 좀 녹이자 조사를 재개했다. 나는 단 한 마디의 중국어도 몰랐으므로 몸짓으로 그들에게 어떤 일이 벌어졌는지 설명할수밖에 없었다. 그렇게 만족스러운 설명은 아니었지만, 그들은 적어도 내가 일본군 편이 아니라는 건 알게 되었다. 그들은 자기들끼리 한동안 떠들고 있었는데, 나에 관해 의논하는 듯했다. 마침내 그들 중 한 명이 큰 나무 사발에 음식을 좀 담아다 주었다. 무엇을 섞은 것인지 알 수 없는 이상한 음식이었지만, 거기서 쌀은 알아볼 수 있었다. 먹을 수 있는 것이라 나는 기꺼이 그걸 먹었고 좀더 달라고 부탁까지 했는데, 그들은 내 청을 들어주었다. 피로와 장작불의 맹렬한 열기 때문에 온몸에 힘이 빠지고 졸음이 와서 나는 자고 싶다는 몸짓을 했다. 불에 말리던 내 옷 대신에 줄 수 있는 게 없는 것 같았지만, 그들은 조잡하고 긴 외투와 망토를 들고 왔고, 그들 중 한 명이 자신을 그것으로 감싸더니 장작불 앞 바닥에 몸을 펴고 누우면서 그런 식으로 내가 밤을 지내야 할 것이라고 알려주었다. 다른 한 사람은 아편 한 파이프를 건네주었는데, 나는 그 마약에 전혀 익숙하지 않았지만, 거절한다면 그들이 지나친 결례로 여기리란 것쯤은 알았다. 그래서 나는 그것을 받아 피우는 척했고, 내가 눕자 그들은 내게 잡아준 작은 방을 떠났고, 그들이 바깥 문에 바리케이드를 치는 소리가 들렸다.

나는 곧 깊은 잠에 빠져들었다. 나도 모르게 몇 모금 들이마신 아편이 효력을 발휘하더니 그 마약이 풋내기를 유혹하고 속이는 마법 같은 꿈들이 나타났다. 꿈속에 계속해서 도주와 추격에 관한 생각이 혼란스럽게 등장했다. 한 가지 예를 들어보겠다. 나는 내가 그 바다의 해안에 있는 꿈을 꿨다. 바다가 갑자기 치솟아 오르기 시작했고, 나를 압도할 것처럼 위협했다. 나는 뒤돌아 뛰었지만 물은 점점 더 가깝게 쫓아왔다. 그때 내가 가던 길에 바닥도 보이지 않는 절벽이 입을 크게 벌리고 나타났다. 나는 아래로 추락했다. 나는 새처럼 날아다니는 것 같았고, 다시 한 번 단단한 지면 위에 서 있었다. 내 뒤에 절벽은 하늘까지 닿아 있는 듯했다. 나는 다시 날기 시작했고, 뒤를 돌아보니 엄청난 양의 밀물이 구멍 같은 곳으로 들어가고, 해가 그 위로 떠올라 그 끝없는 폭포를 황금빛으로 물들이는 것이 보였다. 그 찬란한 광경을 묘사하거나 상상하는 것은 불가능할 것이다. 그 위험한 마약은 이런 환상으로 희생자들을 유혹한다. 내가 알기에 중국 당국은 아편 사용을 금지하고 있지만, 기강이 느슨해진 병사들은 구할 수만 있다면 그것을 담배처럼 널리 사용하는 것 같았다.

제 5 장
함락

나는 이튿날 한낮까지 잤는데, 그렇게 부를 수 있을지 모르지만 어쨌든 내 집주인들이 깨우지 않았더라면 십중팔구 더 잤을 것이다. 옷이 다 말랐으므로 나는 곧 주워 입었고, 바깥으로 감시를 받으며 나갔다. 바로 내 눈에 띈 것은 작고 털이 엉성한 타타르 말을 탄 소규모 기병대였다. 나는 곧 그중 한 마리에 타야 했고, 설명을 요구하거나 들을 가망도 없이, 잠시 후 여정에 올랐다.

여기에서 내가 뭍으로 오른 지점은 웨스트 포트 아래쪽의 어떤 곳이었고, 나는 주요 해안 요새들 중 하나였던 만쩌잉(Man-tse-ying) 요새로 이송되었다고 이야기하는 편이 좋겠다. 그 요새는 해발 266피트 고지에 있었고, 오르막길의 끝부분에서는 걸어 올라가야 했다. 나는 즉시 지휘관 앞으로 끌려갔는데, 그는 비서와 다른 몇몇 장교들과 함께 앉아서 판콰이(Fan Quei), 즉 외국 악귀가 오게 된 이상한 정황을 조사할 참이었다. 비서의 영어 실력이 너무 변변치 못했기 때문에 그가 내 이야기를 제대로 알아들었는지는 모르겠다. 내가 독일어에 익숙한지 묻는 것으로 봐서 그는 영어보다 독일어를 더 잘했던 모양이다. 하지만 내가 아는 독일어는 열 단어도 채 되지 않았다. 심문은 길었고, 서로의 말을 이해하기 어려웠기 때문에 꽤 혼란스러웠다. 끌려가서 내가 만난 사람들로부터 나는 내가 일본의 첩자라는 의심을 받았거나 받고 있고, 내가 여기에서 처음 만났던 사람들도 내가 상륙한 정황에 대해 엄격한 조사를 받았다는 것도 알게 되었다. 나는 내가 한 일이 밝혀진다면 내가 적의 첩자라는 가정과 맞아떨어지지 않을 것이라고 생각하며 스스로를 위로했다. 〔그들은〕 내가 이곳에 며칠 머물렀다고 진술한 것을 확인해줄 사람이 이 도시에 있는지 물었다. 나는 여인숙 사람들이 아마 기억할 것이라고 대답했다.

결국 중국인들은 자기들끼리 한참 의논하더니 나를 항구의 다른 편에 있는 상부기관으로 즉시 이송할 것이라고 말했다. 나는 비서에게 그날 아무것도 먹지 못해 정말 배가 고프다고 넌지시 알렸다. 그래서 나는 출발 전에 생선, 삶은 빵, 클라레 맛이 나는 연하고 시큼한 청주 한 잔으로 된 식사를 대접받았다. 식사가 끝나자 전에 나를 호송했던 사람에게 맡겨져 나는 만쩌잉 뒤편에서 땅을 건너고, 두세 곳의 다른 요새들과 수많은 참호와 보루를 지나 마침내 웨스트 포트를 둘러싸고 길게 뻗어 있는 땅 안쪽의 바다에 도착했다. 여기에 있던 어뢰 창고 바로 옆에서 나는 삼판(三板: 바닥이 판판한 외돛 거룻배)에 타야 했는데, 그 배는 길고 좁은 보트로 양끝 부분이 날카로웠고, 갑판 위에 천막이 쳐져 있었다. 이 배로 나는 이스트 포트로 이송되었고, 해군 공창들을 지나서 도시 입구의 큰 연병장 옆에 있던 지휘 본부로 끌려갔다. 저녁 늦게 도착했기 때문에 나는 이튿날까지 심문에 불려나가지 않았다. 여기서 나는 영어를 능숙하고 정확하게 구사하는 부관을 상대하게 되어 무척 만족했다. 나는 그에게 쉽고 정확하게 내 이야기를 해주었고, 전에 머문 여인숙 주인 쓰엔과 돈을 바꿨던 은행 직원의 증언에 따라 내가 윙과 그 도시에서 이틀을 보내고 문서 송달선에 올랐던 그 사람이라는 것이 증명되었다. 이것으로 나를 석방하기에 충분했다. 내가 말한 모든 것은 꼼꼼하게 기록되었다. 심문은 두 명의 관리 앞에서 진행되었다. 타오타이는 이때 그곳에 없었다고 생각된다. 그는 자기 위치에서 이탈했기 때문에 복귀 명령을 받았다고 한다. 이것이 사실인지는 모르지만, 그가 일본군의 공격 전날 밤에 포트 아서에서 도망쳤다는 것은 틀림없다. 그는 용감했다는 소리를 들은 적이 없었던 것 같다.

부관에게서 나는 불과 하루 이틀 전에 영국 전함 크레센트 (Crescent)호가 항구에 들렀고, 장교들이 잠시 상륙했었다는 이야 기를 들었다. 마치 운명의 여신은 내가 무엇이라도 기억할 만한 사 건을 목격하기 전에는 거기서 떠날 수 없다고 결심한 것 같았다. 석방 후 쓰엔의 여인숙으로 돌아가자마자 나는 지독한 열병에 걸 렸다. 물론 그것은 내가 그즈음에 겪은 일이 빚어낸 결과였다. 열 병은 심각하지 않았지만 심한 권태감과 우울증을 동반했고, 나는 열흘쯤 집안에 갇혀 있어야 했다. 일본군이 다가오면서 손님도 별 로 없었고, 북쪽으로 오가는 평상시의 항로가 닫혔으므로 여인숙 을 거의 혼자 쓰다시피 했다. 쓰엔은 손님들과 주민들에게 항구를 떠나도록 권하는 게 좋을지 내 생각을 알고 싶어 안달했다. 나는 일본군이 그곳을 점령하는 데 성공하더라도 민간인들을 해치지는 않을 것이라고 대답했는데, 나는 정말 그렇게 믿었다. 하지만 그것 은 치명적인 오판이었다.

여인숙은 이층 건물이었다. 중국 사람들의 집은 거의 다 단층이었다. 대부분의 방들은 일부를 지붕으로 덮은 안마당 주위에 있었다. 나는 위층 또는 피진 영어식으로 하면 '꼭대기 부분'에 있던 좋은 방에서 지냈다. 난로는 없었고, 주로 숯을 담은 화로로 방을 데웠다. 내가 머물던 방의 한쪽 면에는 길고 낮은 벤치가 있었는데, 속이 비어 있어서 화로의 뜨거운 공기가 채워졌다. 이 발명품은 내게 늘 침대 구실을 해주었는데, 중국인들은 침대 틀을 사용하면서도 그 위에는 솜뭉치로 채운 누비이불을 놓고 그 이불로 몸을 감쌌다. 이불을 뜨거운 공기가 차 있는 그 물건 위에 옮겨 놓으니 훨씬 따뜻하고 편안한 카우치(couch)가 되었다. 피진 영어 전문가들 중 한 사람이었던 충(Chung)이라는 친구가 주로 내 시중을 들었다. 그는 광둥 출신이었고, 홍콩에서도 살아봤기 때문에 영국인의 생활 방식에 제법 익숙했다. 식사도 아주 괜찮은 편이어서 가금류, 돼지고기, 여러 종류의 생선이 나왔지만 쇠고기는 없었다. 중국인은 땅을 경작하는 데 도움을 주는 동물을 죽이는 것은 옳지 않다고 생각한다. 충에 따르면 남쪽 지방에서는 고양이와 개를 식용으로 키운다고 하는데, 그 이야기를 들으니 곧 포위 공격을 받을 포트 아서에 그 동물들이 눈에 띄게 많은 것이 특별한 이점이 될 듯했다. 음료로는 당연히 차를 많이 마셨지만, 중국인들의 차는 너무 연했다. 대개 그들은 컵에 찻잎을 좀 넣고 뜨거운 물을 부어 우려낸 물에 아주 작은 레몬 몇 조각으로 맛을 내는 데 만족했던 것이다.

　바깥출입을 할 정도로 기력을 되찾자마자 나는 바다를 통해 이곳에서 빠져나갈 수 있는지 알아봤지만, 그건 전혀 기대할 수 없다는 것을 곧 알게 되었다. 어떤 외국 선박도 항구에 없었고, 그 지방의 선박들은 대개 정크선들이었는데, 데려간 충의 통역에 따르면 선주들은 내가 절대로 벌어볼 수 없는 큰돈이 아니라면 그런 모험은 거절했다. 항구에 중국 전함은 없었는데, 있었다 해도 거기서 전혀 도움이 되지 못했을 것이다.

　요새가 매우 튼튼하다는 것을 알고 있었기 때문에 나는 장기간의 포위 공격을 각오해야 했는데, 그런 생각을 하자 풀이 죽어버렸다. 왜냐하면 내게는 돈도 별로 안 남았고, 거기에서 컬럼비아호를 다시 만날 가능성은 희박했기 때문이다. 그러나 이런 걱정들은 모두 쓸데없는 것이었다. 3일 안에 그곳이 일본군 손에 넘어가리라고는 생각조차 못했기 때문이다. 내가 통행 허가를 얻으려고 쓸데없이 애썼던 것은 11월 18일이었다.

　그곳의 모습은 내가 처음 왔던 때와 상당히 달라져 있었다. 분명히 병사들의 숫자는 크게 늘었다. 조선소의 작업은 완전히 중단되었고, 그곳 전체가 병영으로 개조되었다. 충과 함께 부두에서 돌아오면서 나는 군에서 실제로 어떻게 처벌이 시행되는지 목격했다. 어음교환소 근처에 울타리가 쳐진 곳의 열린 문을 지나다가 나는 바로 눈에 띄는 한 무리를 봤다. 여러 명의 병사들이 병사 하나를 에워싸고 서 있었는데, 그 병사는 허리까지 옷이 벗겨지고 머리가 거의 땅에 닿을 만치 몸을 구부린 채 무릎을 꿇고 있었고, 두 손은 뒤로 묶여 있었으며, 병사 뒤에 서 있던 사람이 손을 동여맨 끈을 쥐고 있었다. 그 상태에서 그는 마치 러시아 채찍처럼 무시무시하게 무거운 가죽 채찍으로 지독한 매질을 당하고 있었다. 〔채찍은〕쿵쿵 소리를 내면서 가격했고, 내 모든 신경이 떨리는 것 같았다. 매질을 당하는 병사의 등은 피로 뒤덮였고, 피로 물든 고문 도구가 획획 소리를 내며 공기를 가르고 피가 사방으로 튀었다. 그는 그러나 광고에 나오는 말을 빌리자면 남자답게 벌을 받았고, 그의 몸은 비록 맞을 때마다 갈대처럼 휘는 것 같았지만 내가 들을 수 있는 어떤 소리도 내지 않았다. 나는 몇 대나 때리는지 세지는 않았지만, 할당량에는 아낌이 없었다. 일분 이분 시간은 가고, 벌을 주는 사람은 제 임무를 다하느라 애썼다. 희생자가 마침내 쓰러질 때까지 매질은 계속되었다. 희생자는 굴러 넘어지면서 피 웅덩이 속에 나무토막처럼 누워버렸고, 이내 치워졌다. 채찍을 쓰는 것에 나는 꽤 놀랐는데, 나는 항상 중국에서는 태형 중에 장형을 선호

한다고 생각해왔다. 충에게 설명을 부탁했지만, 그는 질문을 못 알아들은 것 같았고 "그 군인은 이제 많이 아플 거예요"라고 하면서 그들이 그의 머리통을 잘라버릴 수도 있었다고 답했다. 사실 참수형은 중국군에서 매우 흔한 형벌이다.

일본군이 포트 아서에서 자행한 학살은 신랄한 비난을 받아 마땅하지만, 중국인들이 적에게 복수심에 불타 야만스런 행위를 저질러 그런 일을 자초했다는 데도 의문의 여지가 없다. 공격군은 함대와 함께 반도로 진격해서 이제 하루 이틀 정도의 행군이면 요새에 닿을 수 있는 곳에 와 있었다. 중국군 주력은 쉴 새 없이 공격하며 일본군을 괴롭혔고, 두 군대 사이에 작은 충돌이 빈번하게 일어났다. 중국군은 포로들을 잡아서 무자비하게 베어버렸고, 19일 아침이 되자마자 내가 목격한 것 중 하나는 연병장 근처에 있는 큰 녹나무 가지에 발이 묶인 채 매달려 있는 한 쌍의 시체였다. 그들의 팔다리와 목은 끔찍하게 잘려 있었고, 배는 갈라져 있었으며, 눈은 후벼 파내졌고, 오른손은 절단되어 있었다. 그들은 완전히 벌거벗은 상태였고, 몇몇 아이들 무리가 거기에 진흙과 돌을 던지고 있었다.
이렇게 끔찍한 광경들이 도시 안팎의 다른 곳에서도 목격되었다. 하지만 이것은 최악의 상황도 아니었다. 벽에 붙은 신성한 황제의 노란색 벽보들은 이런 잔혹 행위를 부추기고 있었다. 대개 내가 데리고 다녔던 충을 통해 나는 이것을 알게 되었다. 그의 통역에 따르면 그 취지는 이랬다.

"용상의 천자의 병사와 백성에게. 모든 일본 개들은 이제 죽여 버려라. 그 머리나 손도 잘라버려라. 신성한 천자의 이름으로" 등등. 이어 타오타이의 서명과 날짜가 적혀 있었다. 보상금이 정확히 얼마였는지는 잊었다. 생포한 포로의 경우 50냥, 머리나 손의 경우에는 그보다 적은 액수였던 것 같다. 도시 가까이 전진하는 가운데 일어난 교전 중에 사망한 일본 병사들의 사체들은 잔인하게 난도질당하여 머리나 오른손, 때로는 둘 모두 잘린 채 발견되었다. 요새가 함락될 때 시체들은 여전히 나무에 매달려 있었으므로 그들의 옛 동지들이 그런 광경에 광분했던 것은 놀랄 일도 아니다. 물론 무서운 복수가 그 정도까지 이어지도록 내버려둔 장교들이 더 비난받아야 할 테지만 말이다. 학살은 더 이상 희생자를 찾을 수 없을 때까지 아무 제지 없이 계속되었던 것 같다.

그러나 이런 일들은 모두 예견되었던 것이었다. 19일에 적군은 요새에 근접했고, 온통 난리법석이었다. 거의 모든 곳에서 업무는 중단되었고, 군대의 이동이 주된 관심사였다. 오후에 연병장 위쪽에 있는 장군의 관사에서 회의가 열렸는데, 그 주위에 군중이 모여들었다. 강력한 무장 병력이 폭도를 저지했다. 모든 지휘관과 지휘자들이 자신들의 경계 구역에서 참모 본부에 차례로 도착했다. 그의 거처에서 타오타이는 열두어 명이 메고 끄는 멋진 가마를 타고 왔다. 건물 자체는 아름답게 금을 입힌 글자들로 덮여 있고 무척 화려하고 밝은 색으로 장식된 멋진 구조물이다. 회의는 적어도 세 시간 동안 계속되었다. 나는 병사들의 머리 너머로 궁(宮, Kung)의 모습을 멀찍이 봤을 뿐이다. 밖에서 전투는 계속되었고, 다음날에도 복수심에 불타는 병사들이 일본군의 시체들을 안으로 들여와 폭도가 가지고 놀 수 있도록 방치했다. 내 생각에는 어떤 일본군도 살아서 도시 안으로 들어왔던 것 같지 않다.

이튿날(20일) 정오 무렵, 첫 번째 포성이 들렸다. 오후 내내 멀리서 대포 소리가 우르릉거리며 들렸고, 저녁이 돼서야 그쳤다. 그날 밤에는 광란과 걱정이 혼재했다. 전투에 관해서는 어떤 확실한 소식도 없었고, 앞뒤가 전혀 안 맞는 소문만 무성했다. 흥분한 군중이 거리를 메웠고, 거의 모든 사람이 하나씩 들고 다니던 멋진 색깔의 종이 등들이 거리를 밝히고 있었다. 사실, 날이 저문 후에 등도 없이 돌아다니는 사람은 순찰 경찰의 의심을 사게 마련이다.

나는 다음날 가능하면 전투 장면을 좀 보리라 결심했다. 내가 전에 언급했듯이 포트 아서 주변은 모두 험한 구릉지였다. 도시 밖, 그리고 도시와 서북쪽 요새 사이에 있는 고지는 백악(白堊)이라 불리는데, 분명 거기에는 회백색 석회암이 가득했다. 나는 그곳을 관측 지점으로 정했다. 앞면에는 참호들이 수없이 많았지만, 후면 쪽으로는 쉽게 갈 수 있었기 때문에 나는 동이 틀 무렵 가파른 경사면을 끙끙거리며 올라갔다. 정상은 큰 바위들과 깊이 팬 곳들이 많아서 매우 울퉁불퉁했고, 숨을 곳 천지였다.

백악에서 본 전장은 간단하게 몇 마디로 묘사할 수 있다. 내 뒤에는 웨스트 포트가 있었고, 내 왼쪽에는 판산(板山, Table Mountain) 요새라 불리는 서북쪽 요새들이, 오른쪽에는 이스트 포트와 바다, 전면에는 도시의 대부분과 그 뒤의 북동쪽 요새들이 눈에 들어왔다. 북동쪽 요새들 가운데 여덟 곳은 하나의 벽으로 연결되어 있었다고 생각된다. 나는 그 요새들의 일부를 봤을 뿐이다. 북동쪽과 북서쪽 요새들이 있던 고지들 사이에는 지대가 푹 꺼져 비교적 평평한 넓은 공간이 있었고, 한쪽 구석에 마을이 하나 있었다. 보루와 토루들이 이 넓은 지대를 방어하고, 고지대의 요새들, 특히 북동쪽의 요새들로부터 포격을 하게 되면 그곳을 쓸어버릴 수 있었다. 방어를 훨씬 더 강화할 수도 있었겠지만, 그곳은 여전히 방어의 취약 지점으로 생각된다.

날이 밝았을 때 날씨가 싸늘하고 맑았으므로 망원경이 없어도 사방 몇 마일 앞을 볼 수 있었다. 황제의 깃발은 모든 중국군 요새에서 휘날리고 있었지만, 일본군의 모습은 처음에 전혀 보이지 않다가 포격이 시작되자 그 위치가 드러났다. 북서쪽 멀리에서 그들의 포가 포성을 울리기 시작한 것은 7시 반쯤이었다. 그들은 밤사이에 모든 준비를 마치고 날이 밝기만 기다렸던 것 같다. 중국군은 양 측면에서 응사했다. 포대들이 연이어 가담했고, 천둥과 같은 포성이 곧 들리고 흰 연기가 짙게 피어오르는 가운데 큰 반원 모양으로 배치되어 있던 대포들이 일제히 섬광을 터뜨렸다. 포탄의 쇳소리, 포탄이 발사될 때 나오는 화염과 폭음이 끊이지 않았다. 오른쪽 먼 바다에는 전함들이 가득했지만, 아무 할 일도 없다는 듯 해안 방어물들을 공격하지 않았다. 바다 쪽을 향한 요새들 중 몇 곳은 일본군 쪽으로 포를 돌리고 화염을 뿜고 있었지만 그렇게 큰 타격을 준 것 같지는 않았다.

멀리 바깥쪽의 작은 요새들 몇 군데는 전날 오후에 점령되었고, 일본군은 둘로 나뉘어 북서쪽과 북동쪽 방향으로 총공세를 준비하고 있었다. 이 두 구역에 있던 중국군 사이에는 전혀 협조가 이루어지지 않았던 것으로 보이고, 북동쪽에서의 양동 작전으로 일본군은 그쪽 (중국군의) 주의를 끌면서 서쪽의 요새들을 점령했다. 연속 포격이 시작된 후 한 시간 반쯤 지나서 그 요새들이 함락된 것이 사실이다. 일본 보병 부대는 요새들을 향해 진격했고, 그 광경을 보자 그들을 저지하던 용맹한 부대들은 도망쳐버렸다. 마치 그 재앙을 만회할 수 있다는 듯, 이제 다른 쪽의 중국 요새들이 계곡을 가운데 두고 반대편으로 포격을 시작했다. 그때 일본군은 그 요새들에 모든 화력을 집중했다. 여기서 중국인들은 훨씬 멋진 모습을 보여주어서 포격은 맹렬하게 계속되었다. 11시쯤, 멀리 해안 인근 지대를 흔들어버릴 것 같은 엄청난 화염과 폭음을 뿜어내며 그들의 가장 큰 요새, 송구(松丘, Pine Tree Hill)가 폭파되었다. 틀림없이 포탄이 탄약고에 떨어졌을 것이다. 정오에 전 일본 육군이 돌격했고, 여기서도 중국인들은 공세를 기다리지 않고 황급하게 도망쳤다. 근접전은 전혀 없었고, 단 한 명의 중국인도 돌진하는 총검을 막아보려 하지 않았다. 가파른 산악 고지대 위에 가장 지휘가 유리한 곳에 있었던 거대한 요새 두 곳이 이렇게 무기력하게 버려졌다. 그곳에서라면 공격군이 정상적인 대형을 유지할 수도 없었고, 유능한 사수들이었다면 난공불락의 경사면에서 분투하는 수천 명의 공격군을 소탕할 수도 있었을 것이다. 나는 그렇게 강력한 방어물들이 그런 식으로 파괴되는 것을 무언가에 홀린 듯 지켜봤고, 일본군은 엄청난 해안 방어물들 쪽에 총 한 방 쏘지 않고도 한 곳에만 서너 시간 동안 포격을 집중한 끝에 포트 아서를 함락시켰다는 것을 알았다.

그 다음 승자들은 그들 작전 특유의 차분한 방식으로 보루들과 벽으로 둘러싸인 저지대의 병영들 쪽으로 관심을 돌렸다. 언덕 사이의 계곡들에 보병들이 열을 지어 까맣게 나타나기 시작했고, 그들은 계곡에 짙게 깔린 연기 사이로 총검의 광채를 번쩍거리면서 기계처럼 정확하게 그들의 위치로 전진하며 그 저주받은 도시에 다가왔다. 비겁함 때문에 빼앗기지 않았더라면 요새로부터 충분히 엄호를 받았을 만한 지대에, 지리멸렬한 중국군 무리들이 여기저기서 마지막으로 산발적이고 헛된 공격을 준비하고 있었다. 도시에 가장 가까운 내륙 요새들 가운데 오직 한 곳, 내 생각에 금구(金丘, Golden Hill)라 불린 곳만 중국군이 장악하고 있었다. 그날 이른 시간에는 점령되지 않았던 내 아래쪽 백악 전면의 진지들에는 이제 소총수들이 넘쳐났다. 고지 기지의 앞쪽에 배치된 수많은 사격호(射擊壕)와 요새들에서 소총수들의 무기들이 끊임없이 〔사격으로〕 요동쳤다. 점령된 요새들 안쪽 양 날개 주위에서 적군은 꾸준히 진격했다. 그들은 그 지대에서 구할 수 있는 모든 엄폐물을 요령 있게 이용했고, 그들이 이곳저곳에서 버티지 못할 만큼 공격을 퍼붓자 앞쪽의 저항은 급속히 수그러들었다.

그렇게 일찍 출발하지 않았더라면 나는 정상부의 울퉁불퉁한 지대에 그렇게 안전하고 외딴 곳을 찾을 수 없었을 텐데 이제는 거기서 떠나야만 했다. 앞쪽에는 얕지만 넓은 시내가 흐르는데, 그것은 수이스잉(Shui-shi-ying) 계곡에서 나와서 백악 방향으로 서쪽에 있는 연병장을 돌아 더 서쪽의 깊고 큰 지류로 흘러들어 간다. 일본군은 내 아래쪽의 진지들을 공격하기 전에 우선 시내를 건너야 했다. 지근거리에서 빗발치듯 쏟아지는 탄환 때문에 그들은 두세 차례 후퇴해야 했지만, 아군의 격렬한 화력 지원을 받으며 마침내 건넜고, 적군은 언덕의 오른쪽으로 돌아 도주했다. 나는 가까스로 여기까지 보고 뒤쪽으로 뛰었다. 날이 저물고 있었고, 깊고 거친 계곡에서 여러 번 목이 부러질 뻔했는데, 거의 좁은 골짜기 같았던 몇몇 계곡들이 고지의 사면을 쭈글쭈글하게 잇고 있었다.

도시는 이제 정복자들의 처분에 달려 있었다. 내가 내려가고 있을 때, 중국인들은 금구 요새를 방어하려 애써보지도 않고 도주하고 있었다. 그 너머 바다에는 도망자들의 보트와 소형 선박들이 가득했는데, 그들은 대개 도망 중에 무기와 군복을 던져버린 겁쟁이 군인들이었다. 중국군의 미래라면 무능력함과 비겁함이 제격인 것 같다. 11월 21일에 포트 아서를 지키던 2만 명의 군인들은 최신식 무기들을 가지고 적군 60명을 죽였을 뿐이다. 울즐리 경(Garnet Joseph Wolseley)과 다른 비평가들에 따르면 바로 이들이 언젠가 세계 정복을 시작할 사람들이었다. 울즐리 경은 이 엄청난 인구 가운데 나폴레옹 같은 이가 나타나기만 하면 곧 알게 될 것이라고 말한 적이 있다.

그러나 본래 용맹치 못한 민족이 나폴레옹 같은 이를 배출할 수 있을까, 아니면 그런 사람에게 출세할 기회를 주기나 할까? 중국인 정복자에 관해 들어본 적이 있는가? 세계에서 가장 진취적이지 못하고 자기중심적이며 군인의 자질이라고는 전혀 없는 사람들이란 것 외에 이들이 보여준 것이 있었던가? 수천 년 동안 그런 모습을 보여준 사람들이 갑자기 어디에서 정복자의 군인정신을 갖춘 인재를 찾을 수 있을까?

제6장
대학살

　나는 일본군이 들어온 구역에서 되도록 멀리 떨어진 도시 남쪽으로 돌아나갈 요량으로 조선소 쪽으로 퇴로를 잡았다. 전면적인 학살이 있을 수도 있다는 생각은 떠오르지 않았고, 여인숙으로 돌아가 상황이 진정될 때까지 기다릴 생각뿐이었다. 〔오히려〕 이런 포위된 도시에서 결국 오랫동안 머무르지 않아도 될 것이라는 데 나는 만족했다. 그래서 처음에 나는 사람들이 사방에서 도망치던 것도 눈여겨보지 않았고, 승전의 열기가 식을 때까지 정복군으로부터 멀찍이 떨어져 있어야 한다는 것 외에는 도망칠 까닭도 없다고 생각했다. 이런 착각에서 벗어나는 데는 오랜 시간이 필요치 않았다. 맹렬한 복수와 살육이 시작되었다. 우왕좌왕하는 사람들로 가득 찬 거리를 걸어갈수록 소총의 일제 사격 소리, 격분한 군인들의 고함, 그리고 죽어가는 희생자들의 비명이 점점 커졌다. 나는 무력 저항이 모두 좌절되었다는 것을 알게 되었고, 무서운 소리들이 커지면서 어떤 일이 곧 벌어질지 생각했다. 폭풍이 휩쓸고 파괴한 자리에 흔히 어떤 일이 벌어졌는지 기억났다. 일본군 포로들에게 자행된 잔혹 행위들도 생각이 났다. 또 나는 모든 동양 군인들의 일반적인 특징을 되새겨봤다. 잠시 멈추고 내 처지에 대해 생각해봤다. 나는 독분지 바깥쪽의 물가를 지나 거리 쪽으로 방향을 틀어 여관 쪽으로 건너갔는데, 거기서 이스트 포트까지의 길은 꽤 잘 알고 있었다. 내 주위 곳곳에 도망자들이 서두르고 있었고, 그때 나는 추격하는 일본군을 처음 봤다. 그들은 도망가는 군중을 떠밀고, 누구에게 할 것 없이 소총과 총검을 격렬하게 휘두르고, 쓰러진 사람들을 마치 악마처럼 찌르고 난도질하고 있었다. 혼잡한 가운데 나는 넘어져 밟혔고, 시간이 좀 지나고서야 일어설 수 있었다. 내가 비틀거리며 일어날 때 한 일본군 병사가 가까이에 있다가 소총을 내게 겨눴다. 한 발짝도 채 안 되는 거리였는데, 나는 총을 옆으로 밀쳐 탄환이 내 몸을 관통하는 것을 가까스로 피할 수 있었다. 무기라고는 내 두 주먹밖에 없었지만, 대개의 앵글로색슨 족이 그렇듯 나도 주먹을 쓰는 데는 일가견이 있었으므로 그 일본 놈이 총을 줍기 전에 곧바로 그의 양미간에 영국인의 강력한 오른 주먹을 한 방 날려 그를 볼링 핀처럼 쓰러뜨렸다. 십중팔구 그는 그런 주먹을 맛본 적이 없었고, 분명히 그런 공격 방식에 익숙지 않았던 것 같다. 내가 있는 힘껏 달려 도망가는 사이 그는 마치 무슨 일이 일어났는지 곰곰이 생각하듯 납작 엎드려 있었던 것이다. 나는 여인숙을 향해 계속 가기로 결심했다. 광폭한 폭력은 거리에서만 일어날 것이므로 거기에 도착만 하면 비교적 안전할 것 같았다. 게다가 나는 조금만 더 가면 된다는 것도 알았다. 그런데도 군인들이 도시 전역에 빠르게 퍼져나가며 마주치는 모든 이들을 쏴버리고 있었기 때문에 길에서 자주 벗어나야 했고, 따라서 나는 거의 앞으로 나아가지 못했다. 거의 모든 거리에서 사람들이 시체에 걸려 넘어지기 시작했고, 살인자 떼와 부딪힐 위험은 시시각각 커졌다. 나는 도살 현장 한가운데로 반복해서 들어가게 되었고, 때때로 쏜살같이 날아오는 탄환들을 무릅쓰고 좁은 골목을 지나가야 했다. 마침내 나는 완전히 길을 잃었고, 일분 일분이 나의 최후가 될 것이라고 생각하며 그 지옥을 방황했다. 결국 어떤 오르막에 이르는 어두운 골목으로부터 빠져나오자 물바다가 보였다. 나는 그것이 독분지 뒤에 있는 넓고 얕은 담수호라는 것을 즉시 알 수 있었는데, 백악에서 내려와 도시로 다시 들어갔던 바로 그 지점 근처로 되돌아왔던 것 같다.

무서운 광경이 내 눈앞에 펼쳐졌다. 호수 쪽으로 난 길은 위쪽으로 경사가 급하다고 말했는데, 내가 도착했을 때 호수는 내 아래 쪽으로 15피트 정도 떨어져 있었다. 일본 병사들 무리가 호수를 둘러싸고 있었는데, 그들은 수없이 많은 도망자들을 호수로 몰아 넣고 총질을 하고 물 밖으로 나오려고 애쓰는 사람들을 총검으로 다시 밀어넣고 있었다. 죽은 이들이 수면 위로 떠올랐고, 물은 피로 물들었다. 병사들은 복수의 기쁨으로 날뛰고 고함치며 웃고 있었고, 희생자들의 고통을 흐뭇하게 바라보는 것 같았다. 피투성이의 사람들이 흔들리는 호수 속에서 분투하고 있는 모습을 보는 것은 무서웠다. 아직 살아 있는 사람들은 시체 더미에서 몸을 빼내려 애쓰다 빠르게 가라앉았다. 그러다가 마지막 힘을 다해 다시 떠올라 물과 피와 함께 떠다니면서 가련하게 울며 자비를 구했지만, 악한들은 그들을 흉내 내며 조롱했다. 그들 가운데는 여자들도 많았다. 나는 작은 아이를 안고 있는 한 여인을 봤는데, 그녀는 앞으로 힘겹게 나가며 호소하듯 병사들 쪽으로 아이를 추켜올리고 있었다. 그녀가 둑에 이르자 그 비겁한 놈들 중 한 놈이 총검으로 그녀를 쳤고, 그녀가 쓰러지는 순간 두 살쯤 된 아이를 찌르고는 그 어린 몸을 높이 쳐들었다. 여자는 일어나서 아이를 되찾으려고 맹렬하게 몸부림쳤지만, 결국 지쳐 쓰러져 다시 물속으로 가라앉고 말았다. 손이 닿는 모든 시체가 그랬지만, 그녀의 시체도 여러 쪽으로 잘려나갔다. 호수에 더는 빈틈이 없을 것 같을 때까지 새로운 희생자의 무리들이 떠밀려 들어갔다. 나는 더는 그 광경을 견딜 수 없어 그 끔찍한 곳에서 도망쳤다.

이제 내가 어디쯤에 있는지 알게 되었으므로 길을 잃었던 그 경로를 따라서 다시 여인숙을 향해 출발했다. 계속해서 시체 더미와 살인의 광경들이 나타났다. 어떤 곳에서는 열두어 명의 군인들이 다수의 불운아들을 등을 맞대게 해서 함께 묶어놓은 것을 봤다. 그들은 한 사람씩 그 불쌍한 사람들을 처형했고, 예의 그 끔찍한 방식대로 사체들의 팔다리를 잘라냈다. 예외란 없었다. 남녀노소 상관없이 누구도 살려주지 않는 것을 나는 봤다. 중국인들은 저항하지 않았다. 그들 중 많은 이들이 완전히 항복하고 도살자들 앞에 엎드렸고, 그 자세로 총을 맞거나 칼에 찔렸다.

이제 나는 가까스로 위험을 모면하게 될 터였다. 그런데 전혀 눈치챌 틈도 없이 나는 비명을 지르는 몇몇 불행한 사람들—그들 중에는 여자와 어린이들도 있었다—을 도륙하던 한 일당과 맞닥트렸는데, 어느 병사가 내 존재를 알아채고 발포했다. 나는 재빨리 뒤로 물러났지만, 그 병사는 나를 추격하기 시작했다. 나는 어느 집으로 들어갔다. 그가 뒤따라왔지만 내가 먼저 출발했으므로 한동안은 그를 피할 수 있었다. 나는 부엌으로 들어갔고, 여러 도구들 가운데 신기하게 생긴 무척 무겁고 날카로운 도끼를 찾았다. 25분쯤 기다리다 나는 그 일본 놈이 틀림없이 나를 찾지 못하고 되돌아갔을 거라 생각하고 다시 밖으로 나갈 채비를 했다. 군인들이 가옥마다 들어가 약탈하고, 발견된 사람은 가리지 않고 살육했으므로 거리보다 가옥에 있는 게 더 위험했다. 그러나 뜻밖에도 내가 문 앞에 이르자마자 노획물을 잔뜩 챙겨서 가지고 나가려는 그 남자와 부딪혔다. 나를 보자마자 그는 약탈한 것들을 내려놓고 나를 찌르기 위해 총검을 들었다. 우리는 천장이 낮은 작은 방에 있었는데, 한쪽 구석의 문이 길 쪽으로 열려 있었다. 그가 나를 향해 맹렬하게 돌진했다. 나는 빠른 몸놀림으로 그를 피했다. 그 강철 검이 내 왼쪽 옆구리를 스치고 지나가 내 뒤의 벽을 뚫었고, 검에 옷이 걸려 나는 벽에 붙어버렸다. 그가 자기 무기를 빼내려 할때, 이번에는 내가 그에게 세찬 일격을 날렸다. 도끼는 매우 날카로웠다. 분노와 절망 때문에 내 힘이 두 배가 된 듯 나는 그의 두개골을 턱까지 반쪽으로 갈라버렸다. 뇌와 피가 내 몸 곳곳에 튀었고, 그는 내 발 아래서 쓰러져 죽었다.

 더 이상 머물고 싶은 생각이 사라져서 떠나려는 순간, 죽은 내 적의 소총과 탄약통으로 무장하는 게 좋겠다는 생각이 들었다. 이 것은 곧 더 좋은 생각으로 이어졌다. 일본 놈의 키가 나와 거의 비 슷하니 그의 옷을 입으면 어떨까? 밖은 빠르게 어두워지고 있었 고, 눈에 안 띈다는 점을 이용해 속일 수만 있다면 탈출에 성공할 확률이 더 높아질 것 같았다. 물론 어떻게든 내가 파멸을 피한다 면 그건 기적일 것이라는 불안감이 들기 시작했지만 말이다. 나는 즉시 그 생각을 행동에 옮겼다. 이야기한 대로 그 병사는 거의 내 키(5피트 6인치)였지만, 내 어깨가 훨씬 넓었기 때문에 제복 윗도리 를 껴입느라 등판 쪽이 넓게 찢어지고 말았다. 하지만 그것은 큰 문제가 아니었고, 나는 그의 머리와 함께 반으로 잘린 모자를 빼 고 나머지 장비들도 곧 착용했다. 그의 허리띠에는 작고 날카로운 단도가 있었는데, 나는 그것으로 내 구레나룻을 최대한 짧게 잘라 냈다. 왜냐하면 대개의 일본인들은 수염이 별로 없기 때문이다. 그 다음 그의 멋진 리 멧포드(Lee Metford) 소총을 잊지 않고 챙기 고 나서 벗은 내 옷을 팔에 걸고 밖으로 나왔는데, 일본군은 전부 노획물을 챙기느라 바빠서 내 이런 모습에 전혀 주의를 기울이지 않을 게 분명했다.

　나는 어떻게 할지 결정할 수 없었다. 도시 북쪽의 넓은 곳으로 나갈 수도 있었지만, 그렇게 한다면 나는 아마 굶어죽거나 일본 낙오병으로 죽음을 맞을 수도 있었다. 최선은 항구로 되돌아가서 어느 작은 배를 타고 도망칠 기회를 노리는 것이란 생각이 들기 시작했다. 하지만 나는 이제 정말 조금만 더 가면 여인숙이 나오므로 거기서 어떤 일이 벌어지고 있는지 보려고 했던 계획을 우선 마무리해야겠다고 결심했다. 나는 대담하게 계속 걸었고, 내 변장은 놀랄 정도로 쓸모가 있어서 단 한 명의 병사도 내가 동료가 아닐 것이라고 의심하지 않는 듯했다. 때때로 높고 날카로운 목소리로 그들은 내게 인사하기도 했고, 지나가던 한 병사는 소총을 흔들며 뭐라고 소리쳤다. 손짓으로 인사에 답하고 나는 서둘러 걸었다. 백주 대낮이었다면 일이 어떻게 됐을지 잘 모르겠다. 아마 그렇게까지 잘 풀리지는 않았을 것이다. 이제는 거의 날이 어두워졌다. 살육과 약탈 작업을 비추기 위해서 대부분의 병사들은 중국의 도시에서 매우 흔했던 채색등을 하나씩 가지고 다녔는데, 그들의 악마 같은 모습은 등이 앞뒤로 움직이며 생기는 여러 색깔의 빛들 때문에 더 두드러져 보였다. 학살은 누그러질 기미도 전혀 없이 계속되었다. 총성, 고함, 비명, 그리고 신음이 사방에 울려 퍼졌다. 거리의 풍경은 무시무시했다. 땅은 피로 흠뻑 젖었고, 곳곳에 끔찍하게 잘린 시체들이 즐비했다. 분명히 몇몇 좁은 골목들은 시체로 가득 차 막혀 있었다. 사망자들은 대개 도시 주민들이었다. 그들을 지키던 용맹한 병사들은 아마 슬쩍 빠져나간 모양이다. 그들이 모두 어디로 갔는지 알 수 없는 까닭은 그들이 교전 초기에 전투원 신분이 탄로 나지 않도록 제복을 버렸기 때문일 게다. 하지만 그런 속임수가 그들에게 그렇게 큰 도움이 되지 못했을 게 분명한데, 정복자들은 만나는 사람은 모조리 죽였기 때문이다.

마침내 나는 쓰엔의 집에 도착했지만, 내가 발견한 것은 파괴자들이 이미 다녀갔다는 사실뿐이었다. 집은 어둠에 싸여 있었다. 나는 한자로 여인숙과 주인 이름을 적어놓은 등을 바깥문에서 떼어와 집안을 둘러보기 시작했다. 내가 제일 먼저 발견한 것은 지붕 덮인 정원에 누워 있는 주인의 시체였다. 그의 머리는 거의 잘려나갔고, 복부의 장기가 드러나 있었다. 아래층 방문들은 대개 이 정원 쪽으로 나 있었는데, 끔찍하게 잘린 하녀의 시체가 문지방에 걸쳐 있었다. 여인숙 식구는 모두 열두어 명이었는데, 그중 여덟 명이 살해되어 집안 여기저기 누워 있었다. 생존자의 흔적은 어디에도 없었다. 일본군은 집을 샅샅이 뒤졌고, 조금이라도 가치가 있는 것은 다 가져갔다. 바로 얼마 전까지만 해도 그들이 행복하고 즐겁게 일하던 모습을 봤던 이곳이 폐허와 살육의 현장으로 변해버린 것을 보니 피가 끓었고, 살인자들에게 복수할 수 있다면 그 자리에서 죽어도 좋다는 생각까지 들었다.

위층 어느 방에는 평평한 천장으로 이어지는 입구와 대나무 사다리가 있었는데, 올라가서 둘러보자는 생각이 났다. 날은 아주 깜깜했고, 거리 너머에는 거의 아무것도 보이지 않았다. 멀리 보이는 불빛들이 주위 고지들에 있는 요새들의 위치를 알려주고 있었다. 그때까지만 해도 바다 쪽을 향한 요새들은 여전히 중국인들이 지키고 있었지만, 다음날 쉽게 무너졌다. 아니 사실상 버려졌다. 나는 도시에서 폭행이 일어나는 소리가 빠르게 줄어들고 있다는 것을 알 수 있었다. 내가 천천히 둘러보고 있을 때, 내 등불에서 나오는 희미한 빛이 그림자 속에서 살살 움직이는 두 사람을 비췄다. 내가 앞으로 나가자 그들은 더는 물러설 수 없을 때까지 뒤로 물러났고, 그때 한 사람이 내 앞에 무릎을 꿇고 절망적인 외침과 함께 머리를 바닥까지 숙이며 인사했다. 등불을 그 사람 쪽으로 갖다 대자 놀랍게도 충이었다. 그는 나를 알아보지 못하는 것 같았는데, 내가 어떻게 차려입었는지 생각하면 놀랄 일도 아니었다. 그는 공포로 반쯤 정신이 나간 것 같았고, 나는 내가 누구인지 설득시키느라 애를 좀 먹었다. 그 후 그의 기쁨이란 그가 방금 전에 느낀 공포만큼이나 큰 것이었다. 그는 그가 모르는 어떤 사람과 함께 있었는데, 그는 정말 신사처럼 보이고 호감이 가는 외모에 분명히 지위가 높은 사람처럼 보였다. 나중에 안 일이지만, 그는 사실 관리였다. 그 자신의 집이 약탈당했고 그의 가족은 살해되었다. 그와 그의 형제는 거리로 도망쳤으나 추격당했고, 그 형제는 도망 중에 총에 맞았다. 총에 맞아 왼팔이 부러진 채 그는 여인숙으로 뛰어들었다. 군인들이 들이닥쳤을 때 그와 충은 지붕으로 올라갔고, 군인들 중 누구도 거기에서 희생양을 찾으려 하지 않았다. 부러진 팔 때문에 그는 꽤 고통스러워하고 있었는데, 방랑 생활 중에 배운 조잡한 외과 기술로 나는 뼈를 맞추고, 내 넥타이를 붕대처럼 감아 걸어주었다.

나는 최선을 다해서 내 상황을 충에게 설명했고, 그는 영어를 할 줄 모르는 그의 동포에게 통역해주었다. 그리고 우리는 앞으로 어떻게 할지 의논했다. 살육은 중단된 것 같았는데, 병사들이 지겨워졌거나 집합 명령을 받았던 것 같다. 일본군은 2만 명이 넘었고, 내 생각에 그중 1/3 정도만 학살의 서막에 불과했던 첫날밤의 일에 관여했다. 군의 대부분은 요새를 점령하거나 점령지를 지키는

데 배치되었다. 밤이 깊어지면서 우리는 그들이 모두 숙영지로 돌아갈 가능성이 높다고 생각했는데, 그들은 정말 그렇게 했고, 우리는 해변으로 가서 어둠을 틈타 마지막 탈출 기회를 노려보기로 결심했다. 우리는 집을 뒤져 먹을 것을 찾았지만 작은 빵과 사탕 과자 몇 개가 고작이었다.

지독한 정적이 도시 전체를 덮었고, 불길한 소리만이 가끔 정적을 깰 뿐이었다. 도시의 어두운 미로 사이로 불빛이 때때로 스치듯 보였지만, 누가 그것을 들고 다니는지 알 길이 없었다. 가장 무서운 죽음의 모습이 오감 전체로 느껴지는 것 같았고, 가장 안전한 장소라고 생각하고 돌아간 어두운 지붕 속에서 웅크리고 있으면서, 우리는 우리 바로 아래 방들에 있던 몸이 잘린 시체들의 모습을 마음속으로 생각했고, 한두 시간 후면 우리도 그들처럼 끔찍한 최후를 맞게 될 거라는 무서운 가능성, 아니 거의 확실한 운명을 생각하고 있었다. 그 무시무시한 공포, 그 끔찍한 순간에 무모하고 덧없이 보내버린 세월이 내게 떠올랐다. 재물과 부유함이 주는 소중한 이점들을 낭비하고, 내 나라 말을 한 마디라도 아는 사람도 없는 이 지구 끝 타향에서 어느 잔인한 군인의 손에 잔혹하게 죽임을 당하는, 나 같은 인생에 딱 어울리는 최후를 기다리는 내가 거기 있었다. 미래에 대해서는 생각도 하지 않고, 경험도 없이 들뜨고 기고만장한 젊은이가 나와 같은 길을 나서기 전에 이 글을 읽는다면 내 경고를 새겨듣고 제때 멈추기 바란다.

　마침내 우리가 거리로 나간 때는 밤 10시쯤이었던 것 같다. 두 시간 정도 사격은 멈춰 있었다. 길을 제일 잘 아는 충이 다시 등에 불을 붙여 들고 앞장섰다. 나는 여전히 병사의 옷을 입고 있었고, 누가 내 정체를 물으면 중국인들이 나를 숙영지 한 곳으로 안내하는 중인 척하거나 만약 그게 실패할 경우 소총을 써서 내 목숨을 비싼 값에 팔겠다고 했다.

　우리는 도시를 관통해서 갔는데, 가는 곳마다 시체가 잔뜩 쌓여 있었다. 나이, 성별, 지위 고하를 막론하고 수백 명씩 마구잡이로 도륙되어 있었다. 여기저기 가련한 생존자들이—지금 당장 목숨이 붙어 있을 뿐이지만—낮게 통곡하고 한탄하며, 채색등을 들고 잃어버린 사람들을 찾고 있었다. 그들이 몸을 굽혀 살펴보던 절단된 시체들은 등불이 비춰지자 이루 말할 수 없는 끔찍한 모습을 드러냈다. 살인, 신체절단, 강간, 정욕, 약탈의 극악무도한 잔치 가운데 자행된, 형언할 수 없는 잔혹 행위들의 끔찍한 흔적이 새겨진 인간의 잔해들을 나는 죽는 날까지 두렵게 기억할 것이다. 이것이 바로 전쟁이다! 멀리 패배자들의 휘황찬란한 관사에는 승리한 제독이 장군들과 장교들에 둘러싸여 국민의 박수와 황제의 총애를 손에 넣은 듯 의기양양하게 앉아 있었지만, 그들의 영광 뒤에는 여기 버려진 집들에 쌓여 있는 절단된 시체 덩어리들이 어둠을 드리우고 있었다. 그런데 이날은 나흘 중 첫날일 뿐이었다! 중국인들이 이런 운명을 자초했고, 다른 곳에서 일본인들은 감탄할 정도로 관대하고 절도 있게 행동했다는 것은 인정해야 하지만, 이를 감안하더라도 이번에 그들이 보여준 행동, 특히 자신들 눈앞에서 무고한 민간인들에게 자행된 흉악한 폭력을 막으려고 하지 않았던 고위급 지휘관들의 행동은 영원히 지탄받아야 할 것이다.

웅크리고 있던 수많은 불쌍한 이들은 무장한 일본 병사인 나를 보자 달아났지만, 내가 혼자가 아니었다는 사실에 감사해야 할 일도 한 번 있었다. 우리가 지나던 어느 거리에서 한 중년 남자와 두 명의 젊은이들이 배에서 가슴까지 잘린 반쯤 벌거벗은 여인의 시신을 옮기고 있었다. 희미한 불빛 가운데 연장자가 호랑이 같은 표정으로 나를 노려보더니 가슴에서 길고 구부러진 칼을 빼어들고는 나를 가리키며 아들 같은 동행들에게 뭐라고 소리쳤다. 충이 즉시 끼어들어 그들과 잠시 빠른 속도로 이야기했고, 그의 설명이 물론 충분했기 때문에 우리는 가던 길을 갈 수 있었다. 충에게 그 남자가 뭐라 그랬는지 물었더니, "저기 일본 놈이 하나 있으니 찢어 죽이자"고 했다고 답했다.

그러나 우리가 어딜 가든 마주친 무서운 광경들을 일일이 다 이야기하는 것은 쓸데없이 괴로운 일이 될 게다. 밟는 곳마다 피로 발을 적시며 우리는 재빨리 조심스러운 걸음을 재촉했다. 우리가 너비 10피트쯤 되는 어느 거리를 걸어갈 때, 앞쪽에서 고함과 노랫소리 같은 것이 들렸다. 우리가 있던 큰 길은 우리 앞쪽으로 15야드쯤 되는 곳에서 꺾어졌는데, 우리가 주저하다 마침내 멈추었을 때 일단의 남자들이 거기서 나타났고, 우리는 그들이 일본 병사들이라는 것을 단박에 알 수 있었다. 우리 오른쪽에는 낮지만 넓은 출입문이 있었고, 우리는 정말로 민첩하게 안으로 가만히 들어갔다. 그곳은 칠흑같이 어두워서 훌륭한 은신처가 되어주었다. 등불을 꺼버릴 수는 없어서 안쪽 벽 모퉁이에 놔뒀는데, 거기서는 희미한 빛이 거리로 새어 나가지 않았다. 우리는 짙은 그늘에 쭈그리고 앉아서 군인들이 지나가기를 애타게 기다렸고, 어떤 악기 소리처럼 크게 울려 퍼지는 소리에 맞춰 귀에 거슬리는 노래를 목청껏 부르는 일본군의 목소리가 곧 다가오는 것을 들었다. 20~30명

197

쯤 되는 그들이 곧 우리 곁에 왔다. 그 사나운 무리가 줄줄이 떼를 지어 지나갈 때 나는 거의 숨도 쉬지 못했다. 그들의 모습은 상상을 초월할 정도로 끔찍하고 무시무시했다. 문자 그대로 그들에게서는 비인간적인 살육이 벌어지는 도살장 냄새가 풀풀 풍겼다. 그들의 옷과 무기는 피로 물들고 피딱지가 가득했다. 몇몇은 총검에 사람의 머리를 꽂고 다녔다. 대부분이 들고 다니던 등불은 그들이 행군할 때 앞뒤로 흔들리면서 그들의 악마 같은 외모에 어울리는 섬뜩한 불빛을 그 이상하고 역겨운 모습에, 야만스러운 동양인의 얼굴에, 하얀 이에, 비스듬한 눈에, 누리끼리한 얼굴에 비추고 있었다. 그들은 사람이 아니라 악마처럼 보였다. 모두 함께 목청 높여 부르던 노래에 반주하듯, 선두에서는 말에서 내린 기병처럼 보이는 사람들이 긴 칼을 서로 부딪치고 있었다. 잔혹하게 버려진 도시 곳곳에 그들이 야수처럼 뿌려놓은 시체들을 밟으며 그들은 계속 걸어갔다. 그들이 눈앞에서 사라진 후에도 그 높고 날카로운 목소리와 쇠가 서로 부딪치는 소리가 한동안 들렸다. 마침내 그 소리도 사라지고 다시 정적이 찾아왔는데, 너무 조용해서 나는 빠르고 묵직한 내 심장 박동 소리도 들을 수 있었다.

2~3분쯤 기다린 후 나는 충에게 다시 출발하게 등불을 들라고

말했다. 그는 그렇게 했으나 문을 나서면서 어둠에 가려 있던 어떤 물체에 걸려 넘어졌다. 그것은 시체였다. 등불 아래를 살펴보니 시체에는 총검으로 입은 깊은 상처가 몇 군데 있었고, 기병 칼로 얼굴이 가로로 깊게 베여 있었으며, 왼쪽 눈은 패어 있었다. 복부도 혐오스럽게 훼손되어 있었다. 자신을 지키려고 발버둥을 친 것을 이야기해주듯 희생자의 오른손은 칼을 쥐고 있었다. 등을 들어 후미진 곳을 비추자 더 뒤에 조금 열려 있는 문으로 이어지는 서너 계단이 있는 것을 발견했다. 계단들은 문 뒤에서 흘러나온 것으로 보이는 피로 덮여 있었다. 그 문이 이끄는 곳으로 열고 들어갔다. 거기는 어떤 공공 사무실 같았는데, 집기가 거의 없는 넓고 낮은 방이었다. 한쪽은 커다란 나무 카운터로 나뉘어 있었고, 그 위에는 일정한 간격으로 칸막이가 있었는데, 테이블을 마주하고 사람들이 대화할 수 있도록 만들어놓은 것 같았다. 거기는 아마 은행이나 환전소였을 것이다. 내가 그곳을 묘사하는 것은 그곳 자체가 아니라 그 안에 있던 것들을 설명하기 위해서다. 바닥에는 그곳에 숨었다가 가차 없이 처형당한 도망자들의 시체가 남자, 여자, 아이 구별 없이 섞여 가득했다. 시체들의 목은 잘려 있었고, 카운터 위의 나무 칸막이에 길게 늘어선 창(槍) 끝에는 피투성이가 된 머리들이 꽂혀 있었다. 그 일그러진 얼굴들, 색깔 있는 등불의 희

미한 빛 사이로 이를 드러내고 웃는 것 같은 납빛 얼굴들을 보고
충과 관리는 무서워 소리쳤다. 머리를 똑바로 세워놔서 그 끔찍한
표정이 유령이나 허깨비처럼 보여서 나도 피가 얼어붙는 것 같았
다. 몇 개월쯤 된 아기가 그 작은 몸에 날카로운 쇳조각이 박힌 채
카운터 아래쪽에 꽂혀 있었다. 점점 진해지는 피와 절단된 시체들
의 장기들이 2~3인치의 깊이로 바닥에 깔려 있었다. 몇몇 시체들
은 머리뿐만 아니라 팔과 다리가 잘려 여기저기에 던져져 있었다.
이 공포의 방보다 산 사람의 눈에 더 끔찍하고 역겨운 장면은 없
을 것이다. 그때 또 한 무리의 일본군 병사들이 우리 은신처를 지
나갔다. 선두에 선 어느 보병이 덮개가 없는 큰 횃불을 들고 있었
는데, 그 흔들리지 않는 넓고 붉은 빛을 주위의 모든 사물에 비추
고 있었다. 나는 그들이 두세 명을 빼고는 모두 장교라는 것을 바
로 알아챘다. 이들은 깔끔했고, 잘 차려입었으며, 신사처럼 보이는
매우 키가 작은 사람들이었는데, 어쩌면 그들은 자신들의 지독한
병사들을 제지하고 돌아오거나, [중국 측의] 저항이 모두 끝났는
지 확인하는 중이었는지 모르겠다. 그들은 학살이 그저 유쾌한 일
이라는 듯 명랑하게 웃고 떠들고 있었다. 그들이 지나가고 우리는
거리로 나섰지만, 몇 발자국 걷자마자 어떤 남자가 전에 언급했던
급커브 지점에서 등불을 들고 나타났다. 그는 방금 지나간 동료들

을 서둘러 쫓아가던 또 다른 일본군처럼 보였다. 우리는 급히 문 쪽으로 되돌아와서 그가 우리를 봤을지 모른다고 판단하고 안쪽의 살육 현장으로 다시 들어가 문을 닫았다. 우리를 봤을지도 모른다는 생각은 옳았고, 한 1분쯤 지나자 문 밖에서 발자국 소리가 들리더니 갑자기 문이 세게 열리면서 그 군인이 들어왔는데, 신기할 정도로 흰 손에 검을 빼들고 있던 그는 작고 불길해 보이는 사람이었다. 그는 어둠 속을 자세히 들여다보다가 나를 발견했고, 희미한 불빛 속에서 내 옷을 보고는 틀림없이 나를 일본군으로 착각하고 무기를 내려놓으면서 거칠고 권위 있는 말투로 말을 걸었다. 그 말소리는 이상하게도 이탈리아 말처럼 들렸다. 그는 중국인들을 가리켰는데, 그들이 누구인지 묻는 것 같았다. 나는 그가 경계를 늦춘 사이 그의 몸을 총검으로 찔렀는데, 너무 빠르게 찔러서 그는 피해볼 틈도 없었다. 서 있던 자리에 곧 쓰러졌지만 그는 다시 일어서려 했고, 나는 그때 다시 한 번 그를 찔러 일을 끝내 버렸다. 그는 신음하며 카운터에 세게 부딪히더니 푹 쓰러졌다. 그 충격으로 창에 꽂혀 있던 머리 하나가 빠져나와 그의 어깨를 때렸다. 발작하듯 깜빡이던 그의 눈은 그 끔찍한 물체를 빤히 쳐다보는 것 같았다. 등을 들고 몸을 굽혀 살펴보니, 머리와 얼굴에 나타난 위신이나 훌륭한 제복, 장구(裝具)로 볼 때 내가 고위급 장교를 죽였다는 것을 알 수 있었다. 그는 흰 장갑을 끼고 있었고, 이 것 때문에 그가 문에 나타났을 때 그의 손이 이상하게 보였던 것이다. 그가 중요하고 권위 있는 인물이라는 것을 알게 되니 아쉬운 생각이 들었는데, 내가 처음부터 그 사실을 알았더라면 그로 하여금 나와 내 동료들의 안전을 책임지도록 애써볼 수도 있었기 때문이다. 그러나 충은 내 뒤에서 등불을 들고 살살 도망쳤고, 장교의 등불은 매우 흐릿했기 때문에 나는 겨우 그가 일본군 장교라는 것만 알 수 있었고, 공격을 당할지 모르니 선제 공격을 하는 편이 현명하다고 생각했던 것이다. 그에게 그의 동포들이 '할복자살'이라고 부르는 것을 안겨주고 나자 그는 우리에게 더 이상 쓸모가 없었다. 다시 그곳을 떠나기 전에 그의 검을 빼앗았는데, 손잡이는 호화롭게 무늬를 새겨 넣은 묵직한 금으로 장식했고, 칼집에는 예쁘고 기묘한 문양의 다이아몬드와 루비 같은 작은 보석들을 여기저기에 박아놓은, 무척 아름답고 귀한 무기였다. 나는 이 전리품을 포트 아서에서 가지고 떠났지만, 1896년 초에 리버풀에서 경제적인 어려움 때문에 전당포 주인에게 맡기고 말았는데, 그는 이 검이 600~700파운드짜리라고 말했다. 내가 이것을 어떻게 손에 넣었는지 아무리 이야기해도 그는 믿으려고 하지 않았다. 그는 비웃듯 웃으며 놀리지 말라고 했다. 그의 집요한 의심은 우스웠다. 그가 말했다. "당신은 선원이고, 선원들의 허풍이 어떤지는 이곳에 잘 알려져 있지요. 나도 좀 들어봤고요."

다시 한 번 몰래 빠져나온 우리는 이 무서운 밤에 도시를 횡단하는 위험한 길에 나섰다. 방금 묘사한 사건들이 일어났고, 인근의 금구 요새를 향해 가는 낙오병들의 길 같았던 그 거리를 우리는 지체하지 않고 빠져나갔다. 우리는 그 거리와 직각으로 꺾여 있는 매우 좁은 길을 따라 떠났다. 이 길의 반대쪽 끝은 시체 더미로 막혀 있었고, 우리는 거기를 기어올라 넘어야 했다. 이때 섬뜩한 신음이 내 귀에 들렸는데, 발밑의 시체 더미에서 나는 것 같았다. 나는 아래로 내려가기 시작했고, 그때 시체라고 생각했던 것이 일어났다. 피로 범벅이 된 긴 형체가 나를 잠시 무섭게 쳐다보고는 또 한 번 무서운 신음을 내면서 양팔을 벌리고 앞으로 *꼬꾸라졌*다. 그의 양팔은 이제 쫙 펴진 상태가 되었다. 나는 지체하지 않고 그를 지나 이미 도망간 내 동료들을 쫓아 기어 올라갔는데, 또 다른 시체가 갑자기 힘을 내서 벌떡 일어날 것 같았기 때문이다. 이때쯤 다른 두 사람은 '식겁(blue funk)'이라는 기발하고 억지스런 이름으로 불리는 상태에 빠져 있었다. 그들은 사시나무 떨듯 떨고 있었고, 이는 딱딱 부딪치고 있었으며, 흐리멍덩하고 겁에 질린 두

눈은 두리번거리고 있었다. 잔혹한 살인마들이 근처에 있다고 알려주는 뭔가를 보거나 듣기라도 한 것처럼 그들은 때때로 발작하듯 멈췄다. 나로 말하면 겉보기에는 멀쩡해 보였을지 모르지만, 속으로는 자랑할 것도 없는 처지였다. 끝없이 등장하는 참상과 그 파멸의 현장에 드리운 한밤중의 숨 막히는 어둠과 정적은 정말이지 축구 심판의 배짱도 꺾어버릴 것 같았다.

우리는 북쪽 편에 있는 목재 창고로 쓰였던 벽돌 공사장들을 통해서 독분지에 도착했다. 어둠과 폐허뿐이었다. 우리 앞에 멀리 보이는 웨스트 포트 위로 달이 높이 떠 있었지만, 하현달이라 어둠을 밝혀주지는 못했다. 별도 거의 보이지 않았다. 그 밤은 살을 에는 듯 추웠지만, 극도의 정신적인 긴장과 흥분 때문에 내 몸은 혹독한 날씨를 전혀 느끼지 못하는 것 같았다. 등불을 쳐들고 우리는 보트를 찾기 시작했지만 처음에는 아무 소득이 없었다. 이윽고 조선소의 조금 위쪽에 있는 작은 만에서 우리는 또다시 무서운 광경을 보게 되었다. 정크선 한 척이 여울에 좌초되어 있었는데, 거기에는 문자 그대로 사체들이 꽉 차 있었고, 근처 해안에도 많은 시체들이 있었다. 그 불행한 사람들은 정크선이 있던 곳까지 추격을 받아 배를 띄우기 전에 학살된 것처럼 보였다. 우리가 찾고 있던 보트가 십중팔구 그 불운한 배에 실려 있을 거라는 생각이 스치고 지나갔다. 그것은 해변 쪽으로 뱃전이 기울어진 채 놓여 있었고, 나는 얕은 물을 헤치고 그쪽으로 힘겹게 갔다. 어렵사리 상갑판으로 올라가서 시체 더미 사이에 섰다. 군복을 입은 사체들이 많았다. 단 두 척의 보트만 찾을 수 있었다. 한 척은 바닥이 매우 낮은 보트였는데 총탄으로 구멍이 뚫려 있어서 쓸모가 없었다. 나머지 하나는 갑판 뒤편 안쪽에 있었는데, 시체로 덮여 있어서 처음에는 그것을 알아보지 못했다. 보트의 상태는 꽤 좋아 보였지만, 거기서 그 끔찍한 짐을 치우는 일이 너무 불쾌했던지라 해안으로 돌아와 다른 데서 배를 찾기 시작했다. 그러나 소용 없는 짓이었다. 인근에서 우리가 찾을 수 있었던 것은 낡은 거룻배뿐이었는데, 여기저기 물이 샐 뿐만 아니라 우리 세 사람, 더욱이 항해에 대해서 아는 사람이라고는 한 사람뿐이었던 우리가 다루기에는 너무 컸다. 죽음의 배로 돌아가는 것 말고는 다른 수가 없었다. 이번에는 우리 모두가 배에 올라 작업에 들어갔다. 시체 더미를 끌어내고, 상당한 노력과 정크선이 기울어져 있던 덕분에 배 옆구리에 있던 보트를 가까스로 띄울 수 있었다. 피 때문에 배는 끔찍한 상태였지만, 우리는 까다롭게 굴 처지가 아니었다. 우리는 꽤 많은 먹을 것과 마실 물을 정크선의 부엌에서 찾아냈다.

우리가 배를 띄운 것은 틀림없이 자정이 지나서였다. 내 동행 중 누구도 노를 저을 줄 몰랐으므로 별로 도움이 되지 못했다. 게다가 중국 노는 다른 모든 중국 물건들과 마찬가지로 세상 어디에도 비슷한 것이 없는 독특한 것이어서 사용하는 데 연습이 좀 필요했다. 물론 어둠 속에서 심해로 떠내려간다면 우리 역시 잠수함의 위협을 받았을 테지만, 우리는 항구 입구 근처에 있었고, 항구는 수뢰로 방어되고 있었기 때문에 일본 전함과 부딪치게 될 위험이 적었다. 우리는 매우 느리지만 그래도 안전하게 배에 올랐고, 두 시간쯤 후에 (항구를) 빠져나왔다.

그 다음에 무엇을 할지 나는 생각을 정하지 못했다. 그래도 한 가지 확실한 것은 포트 아서에 머물다가는 분명히 죽을 것이고, 실낱같지만 유일한 희망은 가능한 멀리 나가는 것뿐이었다. 잠시 생각한 후 나는 만의 끝부분을 돌아 남쪽으로 항로를 잡기로 결심했다.

우리 위쪽으로 바다를 향해 있는 요새에서는 어떤 움직임도 보이지 않았고, 저 멀리 안개가 자욱한 망망대해에 여기저기 비치는 불빛만이 포트 아서에 힘을 쓸 일도 없는 일본 전함들의 위치를 알려주었다. 몹시 춥기는 했어도 폭풍우는 없었다. 하지만 먼 바다로 갈수록 노 젓기는 점점 힘들어졌다. 사실 우리 상황이 절망적이었기 때문에 어딘지도 모르는 곳에서 떠다니다가 결국 굶어죽느니 차라리 항구 입구 근처에서 버티고 있다가 일본 선박에게 잡히는 편이 낫지 않았을까 생각해보기도 했다. 상황은 운에 달려 있었다. 항구 어귀로부터 힘겹게 몇 마일 전진했을 때 우리는 모래 언덕에 좌초된 큰 정크선을 만났다. 배에는 불이 꺼져 있었고, 어둠 속에서 우리는 아무것도 보지 못했다. 하지만 배가 난파된 것 같지도 않아서 우리는 처음에 어떻게 해야 할지 몰랐다. 의논 끝에 총을 한번 쏴서 무슨 일이 일어나는지 보자고 결정했다. 총성이 울리자마자 갑판에서 바쁜 움직임이 나타나면서 갑자기 사람들이 가득해졌고 여러 개의 등이 켜졌다. 나는 충에게 소리쳐보라고 말했다. 그가 그렇게 하자 어떤 사람이 중국어로 대답했다. 우리는 배 옆으로 가까이 다가갔고, 내 동행들이 배에 있는 사람들과 이야기했다. 우리 상황을 설명하자 배에 타도 좋다는 허락이 떨어졌다. 정크선은 사람들로 꽉 차 있었다. 배는 탈출하던 중에 지금과 같은 곤경에 빠지게 되었고, 그들은 아침 밀물이 배를 띄워줄 때까지 기다리고 있는 중이었다. 두세 척의 정크선들이 항구를 떠나면서 어뢰에 부딪혀 산산조각 나는 등 다른 여러 배들이 적의 마수에 걸려들었다고 했다. 배에 탄 사람들은 일반 선원들뿐 아니라 군인들도 있었다. 동양인들은 지위를 꽤 존중했으므로 1등 선실은 내 친구 관리에게 즉시 양보되었고, 내 친구는 자신과 내가 선실을 같이 써야 한다고 고집했다. 그와 충은 배에 있는 사람들에게 나를 대단한 사람이라고 추켜세웠고, 독특한 차림 때문에 내가 신기하게 보이는 것도 어쩌면 당연했다.

온갖 걱정과 힘든 일에 지쳐서 나는 정크선에 오른 지 반 시간도 못 되어 잠이 들었다. 한낮까지 자고 일어났을 때 배는 성공적으로 언덕에서 띄워져 그때까지 일본 전함들의 눈에 띄지 않고 바다에 떠 있었다.

제 7 장
귀환

　중국의 정크선은 정말 이상한 배다. 유럽인들은 딱히 그게 무엇이라고 정의하기가 어렵다. 배의 크기는 다양했고, 대개는 중국 전역을 가로질러 흐르는 수많은 강과 운하에 잘 어울린다. 가장 큰 배는 적재량 1,000톤급이다. 배를 만드는 방법도 모두 정말 독특하다. 우리 배처럼 목재를 처음에 올리는 것이 아니라 맨 마지막에 올리고, 선박은 엄청나게 큰 대못으로 조립된다. 다음 차례는 돛대의 접합부와 갑판 위아래의 보받이 판이다. 두 개의 거대한 갑판보 또는 들보가 아래 이물과 고물 쪽에 놓여 다른 갑판보를 지지하게 한다. 갑판틀은 아치 형태이고, 그 위에 세워지는 플랫폼들이 직사광선이나 다른 불가피한 피해로부터 배를 보호해준다. 낡은 그물이나 대나무 대팻밥으로 접합부의 틈을 막고, 굴 껍질을 태워 만든 횟가루와 고운 대나무 대팻밥을 섞고 여기에 땅콩기름을 넣어 빻아 만든 치남(chinam)이라 불리는 시멘트를 칠한다. 마르면 그것은 엄청나게 단단해지고, 절대 구부러지지 않으므로 그렇게 붙여놓은 접합부는 방수와 안전을 완벽하게 보장한다. 배를 건조하는 데 관련된 모든 일은 정말 힘이 든다. 적당한 크기의 나무를 찾으면 베어 껍질을 벗기고 적당한 길이로 잘라야 한다. 나무 옆면은 사각형 모양으로 잘라내지 않고 나무가 자란 모양 그대로 내버려둔다. 굴곡부에는 어떤 인위적인 수단도 쓰지 않고, 자연적으로 적당하게 구부러진 나무나 나뭇가지를 쓴다. 중국 정크선의 건조, 삭구(rigging), 장치 등 어느 작업에도 우리가 유럽 선박에서 보는 것과 비슷한 것이 없다. 모든 것이 다르다. 건조 방식, 용골(龍骨), 제1사장(bowsprit), 돛대 밧줄이 없다는 것, 사용된 재료들, 돛대, 키, 나침의, 닻 등 모든 것이 다르다.

그때 내가 탔던 킹스잉(King-Shing)호는 700톤급쯤 되었다. 그 배는 전부 티크 나무로 건조되었고, 타이쿵(Ty Kong)이라 불리던 선장의 주장에 따르면 100년 이상 된 것이며, 최근에 죽은 선원 한 명은 그 배에서 50년 동안 일했다고 했다. 배의 최대 길이는

160피트였고, 갑판보의 폭은 25.5피트, 화물창의 깊이는 12피트, 수면 위에서 잰 선미루의 높이는 38피트, 이물의 높이는 30피트 였다. 배에서 가장 멋진 부분은 담화실 혹은 1등 선실이었는데, 그 가구와 장식의 아름다움은 다른 선실의 거칠고 조잡한 솜씨와 기 묘하게 대조되었다. 조각과 금도금을 입힌 이 선실의 출입구는 일 종의 채광창으로 덮여 있었다. 그 모서리들은 유리 대신에 중국에 서 흔히 사용되는 가공된 굴 껍질로 되어 있었는데, 유리는 일반 적인 용도로 쓰기에 너무 비쌌다. 선실 내부는 길이 30피트, 너비 25피트, 높이 11피트였다. 위쪽 들보에는 중국에서 사용되는 여러 가지 등이 수없이 달려 있었다. 그것들은 상상할 수 있는 모든 형 태, 크기, 재료를 이용해 만들어진 것이었다. 뱃전과 갑판 지붕은 노란 흙으로 되어 있고 꽃, 나뭇잎, 과일, 벌레, 새, 원숭이, 개, 고 양이 등의 그림이 그려져 있었다. 몇몇 동물들은 문장학(紋章學)적 으로 '갈퀴꼬리'(queue-fourchée: 꼬리가 두 개인 동물)라 부를 만 한 것이었다. 선실에는 배가 견뎌온 오랜 세월 동안 수집된 갖가지 신기하고 아름다운 물건들로 가득했다. 여기서 물건들의 목록을 나열하려면 여러 쪽이 필요할 것이고, 유럽으로 가져간다면 많은 박물관들의 명성을 높여줄 만했다.

담화실 끝에는 가묘(Joss House, 家廟) 혹은 신상당이 있었고,

거기에는 18개의 팔을 가진 친티(Chin-Tee)와 그녀를 시중드는 퉁쌈(Tung-Sam)과 퉁씨(Tung-See) 상이 있었다. 금박을 넉넉하게 입힌 상은 단단한 녹나무로 만들어졌고, 그 주위에 빨간색 스카프가 걸쳐져 있었다. 역시 녹나무로 만들어 빨간색으로 칠한 제단 탁자가 조사당 앞에 있었고, 향로가 그 위에 놓여 있었다. 탁자의 붉은 판에는 꽃과 벌레, 그리고 그 사이에는 불을 뿜고 있는 황룡(皇龍)들을 새겨 금칠을 해놓았다. 전면의 양쪽에는 참배자가 금과 마노석(瑪瑙石)을 제물로 바치도록 권하는 글귀가 중국말로 사각형의 녹색 판에 새겨져 있었다.

선원들의 침실은 모두 고물 쪽 하갑판에 있었다. 침실 가까이에 배의 가장 놀라운 부분, 즉 엄청난 크기의 키가 있었는데, 배에는 선미재(船尾材)가 없었으므로 축과 축받이에 달려 있는 것이 아니라 두 대의 권양기(捲揚機)에 대마와 등줄기로 만들어진 세 개의 긴 밧줄로 매달아놓았다. 다음 갑판 쪽으로는 권양기를 한 바퀴 돌리고, 제일 위에 있는 갑판으로는 권양기를 두 바퀴 돌리는 식으로 수심에 따라 키를 올리고 내릴 수 있었다. 끝까지 돌리면 24피트까지 내려갈 수 있었는데, 이는 배의 흘수(吃水)보다 12피트나 긴 것이었다. 완전히 내렸을 때 키는 선실 갑판에서 조종할 수 있었다. 배의 바닥 밑에서 상갑판의 뱃머리에 이르기까지 팽팽하게 당겨 묶어놓는 거대한 대나무 밧줄이 키 바닥에 붙어 있었는데, 그 밧줄들로 키는 고물 안쪽, 일종의 축받이(socket) 안쪽으로 바짝 당겨졌다. 최대한 깊이 풀어놓으면 키 손잡이를 움직이는 데 열다섯 사람의 힘이 필요할 때도 있었다.

다음 갑판에 오르면 담화실 입구 위에 있는 것과 비슷한 굴 껍질 지붕 아래를 지나가게 된다. 이것 아래에는 가장 엄숙한 종교 행렬 때 황제 앞에 걸었던 깃발이 있었다. 권양기 하나에는 "바다가 이 정크선을 휩쓸어버리지 않게 하소서"라고 새겨진 나무판이 있었다. 가까이에 있는 선원들의 가묘에는 바다의 여신이 붉은 스카프를 두른 두 시녀들과 같이 놓여 있었다. 우두머리 여신 곁에는 정크선에 처음 쓰인 목재에서 가져온 나뭇조각이 있었는데, 어느 중요한 사찰에 가져가 봉헌한 후 배로 다시 가져와 신이 배 전체를 보호하고 있다는 상징으로 놔둔 것이었다. 신성한 흙과 쌀이 담긴 작은 오지그릇이 앞에 놓여 있었고, 거기에다가 선향(線香) 등의 향을 태웠다. 또 여기에는 항상 횃불을 밝혔는데, 항해 중에 불이 꺼지면 불길한 징조로 받아들였다. 이 가묘로 오는 길 양편에는 그림들이 걸려 있었다. 한쪽 그림에는 원앙새가 그려져 있고,

다른 한쪽에는 몸단장을 하는 중국 여인이 있었으며, 금붕어 어항도 있었다. 이 갑판에는 승객과 화물 관리인을 위한 객실이 있었는데, 출입문은 여러 문양으로 칠해져 있었다. 위쪽에는 높은 선미루 갑판이 있었는데, 키 권양기 중 한 대가 거기에 있었고, 얕은 물에서 키 손잡이를 움직일 수 있도록 50피트 길이의 뒷돛대가 한쪽에 놓여 있었다. 주장(主檣)은 길이 95피트에 바닥 쪽 둘레가 10피트였다. 그것은 다 자란 티크 나무 한 그루를 껍질만 벗겨 통째로 쓴 것이었다. [따라서] 그것은 완전한 일직선 모양이 아니었는데, 우리에게는 단점이 되겠지만 중국인들은 그렇게 생각하지 않았다. 그들은 구부러진 곳이 힘을 더 잘 버텨주므로 좋은 돛대봉의 결정적인 증거라고 생각하여 그렇지 않은 것보다 선호했다. 경화 과정을 거치는 동안 갈라졌기 때문에 이 돛대에는 테가 둘러져 있었다. 이를 위해 중국인들이 쓰는 방법은 목재를 늪지에 상당 기간 담가두는 것으로, 그렇게 처리하면 티크가 쇠처럼 단단해진다고 한다. 이 배에는 내용골(內龍骨)이 없으므로 돛은 배 밑바닥에서 4피트 이내까지 내려오지 않았지만, 전문 용어를 쓰자면 짝을 이루는 두 개의 큰 나뭇조각에 '비녀장으로 붙들어 매'(toggled) 놓았다. 여기에 다른 두 개의 무거운 받침나무가 더해졌는데, 큰 원재(spar, 圓材)들을 제자리에 고정시키기 위한 것이었다. 지삭(支索)이나 돛대 밧줄은 사용되지 않았다. 주 활대들은 매우 거친 티크 나무로 만들어져 있고, 위 활대는 길이 75피트이고 아래 활대는 60피트였다.

돛은 범포보다 훨씬 가벼운 재료로 꼼꼼히 짠 매트로 만들어졌다. 그것은 바람을 더 잘 받으면서도 흔들리는 법이 없으므로 거의 찢어지지 않았다. 킹스잉호의 돛은 너무 크고 무거워서 40명이 캡스턴(capstan: 닻, 무거운 짐 등을 감아올리는 장치)의 도움을 받아 올려야 했다. 캡스턴이 없다면 아마 80명이 필요했을 것이다. 거기에는 열여덟 곳의 축범부(reef, 縮帆部)가 있었는데, 돛을 낮게 내림으로써 크기를 줄일 수 있었다.

풍신기(vane, 風信旗)는 물고기 모양으로 몸통은 등나무, 머리와 아가미는 색칠한 매트로 만들어졌으며, 두 개의 돌출부가 나비의 더듬이처럼 뻗어 있었다. 꼬리에는 긴 리본이 달려 있고, 몸통에는 작은 깃발들을 꽂아 장식을 더했다. 또 몸통에는 '이 정크선에 행운을'이라는 뜻의 글자들이 쓰여 있었다. 주장과 앞 돛대 사이에는 갑판을 가로질러 뻗어 있는 두 대의 크고 거친 권양기가 있어서 닻을 올리는 데 쓰였다. 앞갑판 쪽의 입구 곁에는 각각 1,500갤런을 담을 수 있는 물탱크가 두 개 있었다. 앞 돛대는 갑판으로부터 75피트 높이였다. 그것은 고물 쪽으로 경사져 있었고, 선미 부분에 있는 긴 나뭇조각에 의해 지지되고 주장처럼 묶여 있었다. 닻들은 나무로 만들어졌고, 쇠 장식을 한 닻가지는 강한 대나무 밧줄로 닻채에 묶여 있었다. 스톡(stock: 닻 위쪽의 평행한 봉)은 분리된 나무 세 조각을 등나무 밧줄로 묶은 것이었고, 크라운(crown: 닻을 수직으로 내렸을 때 바다에 닿는 끝부분 혹은 닻의 중심 축 전체)에 고정되었다. 중국인들은 다른 선원들처럼 닻을 닻걸이나 뱃전에 두는 대신 배 위로 끌어올리므로 이런 위치에 스톡을 두어도 무방하다. 비슷한 크기의 유럽식 닻들에 달린 것과 같은 크기였던 닻가지들은 둥근 모양이 아니라 일직선 모양이었으며 팜(palm: 닻가지 끝에 달리는 방패 모양 부분)도 없었다. 또한 닻가지가 하나인 작은 닻(kedge)도 있었다. 줄은 등나무로 만들어졌다. 정크선에는 계주(繫柱: 배를 매어두기 위한 기둥)가 없었는데, 대신에 갑판에 가로질러 있는 갑판보들에 지삭을 위한 큰 구멍들이 있었다. '외부요판(外部腰板)'은 그 배의 또 다른 특징이었는데, 그것은 뱃전에서 3피트 앞으로 나와 있는 밀폐된 상자들로 배의 부력을 키우고, 화물 적재량을 늘리며, 배가 좌우로 흔들리는 것을 막아주는 역할을 했다. 그러나 내 생각에 마지막 기능은 키의 크기와 위치 때문에 효과석으로 실현되지 못할 것 같았다.

조리실은 유럽 배들의 취사실과는 달리 주장 바로 뒤에 자리잡고 있었다. 아래쪽은 벽돌로 지어졌는데, 앞쪽에 네모 모양의 구멍이 두 개 있고, 거기에 화덕을 놓았다. 연료가 불이 붙은 채 밖으로 떨어지면 즉시 진화할 수 있도록 이 구멍들 앞에는 물통들을 놓아두었다. 연료로는 나무가 사용되었다. 요리에는 붉은색 타일을 입힌 철 냄비들을 사용했다. 하나는 술통을 반으로 자른 것 같은 것으로 덮는데, 밥을 지을 때 사용되었다. 물이 증발한 후에도 뚜껑이 증기를 보호하기 때문에 우리 요리에서 흔히 그런 것처럼 쌀이 물에 불지 않고 훌륭한 밥이 되었다. 그것은 또 배가 흔들릴 때 쏟아지는 것을 막아주기도 한다. 개인에게는 매일 쌀 3파운드 정도가 할당되었다. 설거지 등은 모두 밖에서 했기 때문에 취사장은 나무랄 데 없이 깨끗하게 유지되었다. 정량의 식사가 매끼마다 [취사장] 앞에서 제공되었다. 취사장 가까이에는 나무로 만든 물탱크가 있었는데, 그것은 벽돌색으로 칠해졌고 물 3,000갤런을 담을 수 있었다.

이것이 킹스잉호였고, 중국 배는 대개 이것과 비슷하다. 배에 관해서 그들은 점차 서구의 생각들을 수용하는 것처럼 보였고, 사실

전쟁을 위해서는 전적으로 그렇게 했지만, 조상들의 방법이 대개의 중국인들에게는 여전히 만족스러운 것이었으므로 정크선은 어디에서나 볼 수 있었다. 정크선은 어제의 유물이 결코 아니다. 로마와 카르타고의 함대가 지중해의 패권을 다투고 있을 때, 아니그보다 훨씬 전부터 내가 묘사한 배와 근본적으로 같은 배들이중국의 바다와 강을 누비고 다녔다. 로마와 카르타고, 그리고 다른해상 강국들이 마치 거품이나 꿈처럼 흥하고 사라진 반면, 중국인과 그들의 정크선은 여전히 여기 남아 있다.

우리가 탄 배는 상하이의 몇몇 관리들의 것으로, 그들은 그 배를 코친차이나(베트남 남부)와의 무역에 사용했다. 그러나 최근에이 배는 화물을 싣고 츠어우로 보내졌으나 북쪽에서 강풍에 휩쓸렸고, 일본군을 피하기 위해 포트 아서로 도망쳐야만 했다. 거기서배는 포트 아서가 함락될 때까지 있었던 것이다. 승무원은 모두합해 54명이었다.

모래 언덕을 떠나 앞바다로 나간 후 우리는 보하이 만으로 나왔고, 그곳에 있는 항구들 중 한 곳으로 가기로 결정했다. 하지만첫날 우리는 매우 강한 북서풍을 만났고, 그 때문에 만에서 멀리떨어진 곳으로 밀려 나갔다. 강풍이 하루 밤낮 계속된 후 잦아들었을 때, 우리는 한창 황해를 남하 중이었고, 선장 타이쿵은 선주들이 사는 항구를 향해 항해를 계속하기로 결심했다. 남쪽에 친구와 친척들이 있었던 관리나 나는 이 결정에 반대할 이유가 없었다. 하지만 배에 탄 병사들은 불만에 차서 폭동을 일으킬 기세였고, 그들의 숫자가 선원보다 훨씬 많았으므로 나는 말썽이 날까 두려워지기 시작했다. 그들은 모두 북쪽 지방 출신이었으므로 남쪽으로 가고 싶어 하지 않았던 것이다. 그들의 말은 명목상 같은 민족에 속한 남쪽 사람들에게 거의 통하지 않았다. 사실 중국의 수없이 많은 방언들은 국민의 통일을 저해하는 큰 장애물이다. 꽤 열띤 토론 끝에 고향으로 돌아갈 수 있도록 당국과 준비를 하거나 그게 여의치 않을 경우 자신이 비용을 대서라도 그들을 돌려보내겠다는 내 친구 관리의 진지한 약속을 받고서야 그들은 결정을 따르게 되었다. 또 순찰 구역에서 강풍 덕택에 겨우 빠져나왔는데, 다시 북쪽으로 돌아가면 십중팔구 일본 전함에게 잡히고 말 것이라는 주장이 큰 힘이 되었다.

킹스잉호를 타고 여행하는 동안 나는 선원들의 미신을 무척 즐겁게 지켜봤다. 그들이 신주에게 바치는 헌신은 정말로 교훈이 될 만했다. 타이쿵은 자기 나름대로 종교적인 사람이어서 신을 달랜다는 분향, 징 치기 등의 의례를 매일 같은 시간에 엄격하게 지켰다. 하지만 그는 또 심각한 아편 중독이었고, 노련한 중독자로서 마비되는 일도 없이 다량의 아편을 피울 수 있었는데, 그의 마음에서 절대 떠나는 법이 없었던 여신의 신비한 힘도 약에 취했을 때는 완전히 엉망이 되어버렸다. 아편을 피우지 않을 때는 그처럼 신들에게 공손할 수 없었지만, 약에 취하고 날씨가 험악해지면 드러내놓고 신들을 의심하고 욕설을 퍼부었다. 그는 보통 정오쯤에 아편 한 대를 피우기 시작했고, 오후가 되면 서서히 행동이 변하기 시작했다. 오전에 그는 맑은 정신으로 독실했지만, 저녁에는 취하고 불경스러웠고, 내가 이야기했듯이 날씨가 나쁠 때 특히 그랬다. "저 악독한 친티로 말하자면," 그 신상 쪽에 주먹을 휘두르면서 요컨대 그는 이렇게 말했다. "우리가 이런 궁지에 빠진 것은 다 저년 때문이야. 저 게을러빠진 마귀할멈은 도대체 쓸데가 없단 말이지. 우리한테 무슨 일이 일어나는지 참 많이도 신경 써준다." 약에 너무 취해 쓰러질 때까지 계속 이런 식이었다. 다음날 자고 일어나 약기운에서 깨어나 자기가 저지른 죄가 기억나기 시작하면 그는 끝도 없이 회개했다. 그는 조사당 앞에 엎드려 가장 불쌍한 말로 지난밤의 지나친 언사를 용서해달라고 간청하곤 했다. 그러고 나면 그는 보통 이삼 일쯤 자제하다가 날씨가 나빠질 징조가 보이면 바로 파이프에 빠져들었고, 친티는 또 한바탕 심한 욕설을 들어야 했다. 나머지 선원들은 언제나 충격적인 타이쿵의 불경함을 소름끼치도록 두려워했고, 여러 번 나는 그들이 그를 신으로 만들 (죽일―옮긴이) 태세가 아닐까 두려워했다. 그들이 모두 아편을 피웠던 것은 아니다. 몇몇은 정말 질이 낮은 담배를 금속 파이프로 피웠는데, 파이프 아래 굴곡부에 물이 담겨 있고 그 사이로 연기가 지나갔다. 아편 파이프는 전혀 다른 것이다. 그것은 직경이 1인치쯤 되는 갈대로 만들어졌고, 아편을 넣는 대통의 구멍은 핀 머리 크기도 안 된다. 약은 끓여서 당밀 정도의 농도가 되게끔 준비한다. 파이프 한 대로는 몇 모금도 못 피우지만, 내 경우를 들어 설명했듯이 초보자에게 효과를 주기에는 충분하고, 타이쿵과 같이 노련한 사람은 몇 시간씩 피울 수 있다.

신주들 앞에 태우는 향은 대개 선향이라고 부르는 향기로운 나뭇조각으로 만들어졌다. 그들이 가장 숭배하는 것 중 하나는 나침반으로 그 앞에 차, 과자, 돼지고기를 놓곤 하는데, 이는 그것을 늘 정확하고 확실하게 만들기 위함이라고 한다! 유럽보다 몇 세기 전에 중국인들이 자침 현상을 알고 있었다는 것은 잘 알려진 일이고, 그들의 나침반은 우리 것과 매우 다르다. 침에 움직이는 패를 붙여놓는 대신에 그들의 것은 바니시를 정교하게 칠한 단단한 나무 접시 가운데에 구멍이 있고, 거기에 1인치도 채 안 되는 바늘을 올려놓아 만든다. 나침반에는 단지 (서양 나침반의 32개 포인트와는 달리) 24개의 포인트만 있고, 중국인들은 오래된 점성술적인 관념들과 결부지어 나침반을 사용한다. 접시의 넓은 둘레에는 동심원들이 표시되어 있고, 신비로운 숫자들이 새겨져 있다. 우리는 바늘이 북쪽을 가리킨다고 생각하지만, 그들은 자력이 남쪽으로 향한다고 생각하기 때문에 그쪽 바늘 끝을 신비로운 효험이 있다고 생각되는 붉은색으로 칠한다. 신주들은 붉은색 스카프로 싸여 있다고 이미 이야기했는데, 위험을 대비해서 붉은색 천을 키, 닻줄, 돛대와 기타 배의 주요 부분에도 묶어놓았다. 또한 기수의 양 옆에는 큰 눈을 그려놓아 정크선이 길을 볼 수 있게 해놓았다! 처음에 나는 이것이 무슨 뜻인 몰라서 충을 시켜 타이쿵에게 설명을 부탁했다. 충의 통역에 따르면 "눈이 있으면 볼 수 있고, 눈이 없으면 누구도 볼 수 없다"는 뜻이었다. 특별히 종교적인 표현을 해야 할 경우에는 긴 붉은 천 조각으로 이 눈들을 장식했다. 한번은 일본군 순양함과 수상할 정도로 비슷한 증기선이 나타났는데, 그들은 낡은 대포에 붉은 헝겊을 묶고는 '이렇게 방어 장비를 신성하게 만들었으니 이제 우리는 확실히 안전하다'고 느끼는 것 같았다. 내 생각에 영국식 교육을 받은 해군 선원들은 이런 놀라운 관념들을 버리도록 설득도 당했을 것이고 유럽 나침반에 대해서도 배웠겠지만, 타이쿵과 그의 유쾌한 선원들의 생각은 그 배만큼이나 낡은 것이었다.

여태 나는 내 관리 친구에 관해 설명하지 않았다. 그의 이름은 키창(Ki-Chang)이었고, 5급 관리였으며, 그를 구별해주는 표시는 그의 모자 위에 있는 수정 단추였다. 그는 46세였고, 지적이고 친절하며 신사다웠다. 여행을 하는 동안 충의 통역을 통해서 그와 나는 많은 대화를 나눴다. 나는 그에게 영어를 조금 가르쳤는데, 영어로 자기 이름 쓰는 법을 알게 되자 그는 그것을 무척 자랑스러워했다. 대부분의 교육받은 중국인들이 그렇듯이 그는 자신의 언어를 매우 아름답게 썼다. 그는 부유하고 영향력 있는 사람이었다.

킹스잉호가 무척 훌륭한 배였던 것은 틀림없지만, 그것은 지독히도 느렸다. 어떤 장치를 쓰더라도 그 배로 8노트 이상 낼 수 없었고, 이것도 그 배의 평균 속력보다 빠른 것이었다. 우리는 사나운 폭풍을 한두 번 만났지만, 배는 놀라울 정도로 잘 나갔다. 어느 날 밤, 생생한 천둥번개와 함께 바람이 사방에서 불다가 남서

쪽으로 자리를 잡았고 지독한 폭풍이 찾아왔다. 앞돛은 반쯤, 다른 돛은 모두 내려졌고, 거대한 키에는 25명이 달라붙어야 했다. 우리는 갑판의 탱크에서 8톤 정도 물을 빼냈고, 갑판 이물과 고물 쪽에 있는 것은 모두 묶어놓았다. 정크선은 몹시 흔들렸지만, 물을 뒤집어쓰지는 않았다. 동틀 무렵 바람이 잔잔해졌고, 우리는 돛을 올릴 수 있었다. 그러나 두세 시간쯤 지나자 갑자기 바람이 북서쪽으로 바뀌고 전에 없이 사납게 불면서 구슬만 한 우박이 쏟아졌고, 우박에 맞아 내 얼굴은 '권투 시합'에서 진 것 같은 꼴이 되었다. 우리는 주범(主帆)을 다시 내렸고, 강한 뒷바람을 받고 나갈 수 있도록 앞 돛을 다 내렸다(원문에는 four-reefs라는 표현을 썼는데, 돛은 크기에 따라 한 개에서 네 개까지의 reef로 나뉘므로 여기에서는 돛을 전부 내렸다는 뜻―옮긴이). 3시에 배가 엄청나게 흔들렸고, 바람이 닿지 않는 곳에 있던 보트가 쓸려가 버렸다. 날은 어두웠고, 짙은 안개 사이에서 30야드 앞도 볼 수 없었다. 6시, 폭풍은 엄청난 폭우와 함께 지칠 줄 모르는 기세로 계속되었고, 가공할 파도가 배를 때려 구멍을 낼 뻔했다. 바다는 거대한 거품 덩어리였고, 파고는 매우 높았지만 사나운 바람이 [파도를] 어느 정도 누르고 있었다. 나중에 우리는 돛을 올리지도 않고 항해하고 있었다. 강풍이 다시 가라앉았고 우리는 다시 돛을 올렸지만, 아무 경고도 없이 엄청난 폭우가 쏟아지면서 갑판 끝을 강타했다. 보트 한 척이 휩쓸려버렸고, 앞 돛은 쪼개졌으며, 키를 맡은 이들이 부주의해서 주범이 한 바퀴 돌아버렸다. 그것은 엄청난 힘으로 덮쳤지만 다행히 큰 피해를 주지는 않았다. 운 좋게도 돛은 매우 손쉽게 또 빨리 내려졌다. 돛줄을 놔버리거나 끊어버리기만 하면 돛들이 내려왔던 것이다. 정크선은 이 와중에도 놀랄 정도로 항해를 하였다. 바다 윗부분이 바람에 날리면서 물이 들어왔지만 배에는 전혀 스며들지 않았다. 그러나 배가 차분하게 움직이도록 만들어주는 그 특징들이 속도를 내는 데는 방해가 되었다. 배는 어디로 보나 안전했다. 어느 날 밤 우리는 바람이 전혀 없는 해안에 닻을 내려야 했다. 선원들은 붉은 천 조각들을 닻줄에 더 달았고, 바람도 없는 그곳에서 죽음이 웃음을 짓고 있는데도 내가 정말 기꺼이 배우고 싶을 만큼 침착하게 저녁을 먹으러 갔다. 하지만 전혀 동요하지 않고 꿋꿋하게 버티는 닻만큼이나 그들도 충분히 자신감을 가질 만했다.

그렇게 오랫동안 나침반에 관해 알고 있었음에도 불구하고, 다른 모든 일에서와 마찬가지로 중국인들은 언제나 항해에서 진취적이지 못했고, 될 수 있는 한 육지를 시야에서 놓치려 하지 않았다. 해안 쪽에 붙어서 항해하는 것을 그렇게 좋아한다는 것이 내게는 참 특이해 보였고, 장기간의 항해에 필수적인 지속적인 경계와 주의를 기울여본 적이 없었기 때문에 그들의 임무 체계는 매우 느슨하고 부정확했다. 제대로 된 당직 근무도 없었고, 해질녘에 타이쿵은 주범의 3/4, 세로돛 전부를 조용히 내리곤 했다. 그러면 모든 선원이 선실로 갔고, 키잡이만 혼자 갑판에 남았다. 자정쯤 저녁이 준비되었고, 자고 있던 사람들을 깨웠다. 식사가 끝나면 키잡이가 교체되고 그들은 선실로 다시 돌아갔다.

이런 속도로 우리는 느리게 전진했고, 선원들이 일하기를 거부하고, 먹을 것이 충분치 못하다는 그럴듯한 불평과 함께 군인들이 폭동을 일으키려는 것을 처리한 게 한두 번이 아니었다. 우리는 북쪽으로 가는 중국이나 외국 선박들과 여러 번 통신하고, 불만에 찬 전사들을 맡기려 했지만 모두 감사해하면서도 이런 영광을 단호하게 거절했다. 관리가 한 약속도 있었고 다른 수도 없었기 때문에 우리는 있는 힘을 다해 전진했고, 모든 일에는 끝이 있는 것처럼 1월 초에 목적지 항구에 도착했다.

이제 더 이상 할 이야기가 거의 없다. 키창은 고마워했고, 나를 극진하게 대접했을 뿐만 아니라 내게 절박하게 필요했던 금전적 도움도 상당히 주었다. 나는 물론 오래전에 그에게 빌린 돈을 갚았다.

나는 프랑스 증기선을 타고 [페루의] 칼라오(Callao)까지 가서, 거기서 육로로 샌프란시스코로 갔다. 나는 H씨를 찾아갔는데, 그에 따르면 (당시 항구에 없었던) 컬럼비아호는 또 한 차례 성공적인 항해를 마쳤지만, 이익이 너무 줄어들어서 다시는 별로 남는 것도 없는 항해에 보내지 않기로 결심했다고 했다. 컬럼비아가 그 증기선의 진짜 이름이 아니라는 점도 여기서 밝혀둔다.

이어 시드니에서 나는 웹스터를 만났다. 내가 포트 아서에서 남겨진 이유는 매우 간단했다. 그 '버림받은 자'는 그날 럼을 엄청나게 많이 마셨기 때문에 내가 해안에 있다는 사실을 잊었고, 특히 내가 중국인 대리인과 타고 갔던 보트가 돌아왔기 때문에 첩은 당연히 내가 돌아왔다고 생각했던 것이다. 내가 없다는 사실은 다음날 새벽에야 알려졌고, 그 빠른 증기선은 이미 너무 멀리 와 있었다. 웹스터는 나를 데리러 되돌아가고 싶어 했지만, 철저하게 자기 이익만 생각했던 첩은 다음 항해에서 나를 데려올 수 있을 것이라고 냉정하게 말하면서 돌아가지 않기로 결정했다. 내가 남겨진 것은 웹스터의 잘못 때문이었으므로 그는 헤엄쳐서라도 내게 돌아올 수 있었을 것이다. 이 이야기를 듣자 나는 이런 동료답지 못한 행동에 너무 화가 났고, 만약 그때 그 훌륭한 첩이 걷어찰 만한 거리에 있었더라면 그는 아마 내가 얼마나 화가 났는지 더 잘 알게 되었을 것이다. 하지만 나는 그때 이후로 그를 만나지 못했다.

이런 것들이 황제의 깃발이 당당히, 그러나 무력하게 나부끼고 있던 곳에서 내가 목격하고 행한 일들이었다. 나는 정크선의 구조와 장비에 관한 것 외에는 적어놓지 않았고, 그것도 내 자신이 참고하기 위해서 이 일들에 관한 글을 써야겠다고 생각한 다음에도 한참을 지나서야 썼던 것이다. 그래도 주요 사건에 대한 내 기억은 믿을 만하다. 이 변변찮은 이야기가 단지 몇 사람에게라도 즐거움뿐 아니라 교훈을 줄 수 있다면, 내 다채롭고도 고통스런 삶의 경험을 되돌아보는 것이 그렇게 헛된 일만은 아닐 것이다.

옮긴이의 글

『영국 선원 앨런의 청일전쟁 비망록』은 어느 영국 선원이 겪은 청일전쟁에 대한 기록이다. 이 책은 청일전쟁이 끝난 후 3년 뒤인 1898년 런던에서 출간되었다. 출간에 얽힌 이야기는 거의 알려진 것이 없지만, 짐작건대 1880년대 이후 동아시아 지역에서 제국주의의 각축이 격화되고, 일본이 짧은 근대화의 역사에도 불구하고 이 지역에서 서구 열강과 겨룰 만한 세력으로 부상했던 사정에 대한 영국인들의 관심이 반영된 결과라 생각된다. 저자 앨런에 관해서는 거의 알려진 것이 없다. 대영제국과 동아시아의 국제관계에 관한 기존의 연구나 인터넷 자료들은 그가 이 책의 저자라는 사실 외에는 아무런 정보를 제공하지 않는다. 그러나 오랫동안 잘 알려지지 않았던 이 책은 최근에 프로젝트 구텐베르크(Project Gutenberg)를 필두로 고문헌 원문을 공급하는 데이터 서비스가 속속 등장하면서 비교적 손쉽게 접할 수 있게 되었고, 덕택에 2007년에 다시 책으로 출판되었다. 이제 우리말 번역본이 출간되니 국내 연구자들이나 독자들도 이 책을 수월하게 읽을 수 있게 될 것이다. 이를 계기로 저자에 대한 새로운 정보 역시 발굴되기를 기대한다.

이 책에 기록된 저자의 역정은 선뜻 믿기 어려울 만큼 독특하다. 앨런은 면직물 제조업자의 아들로 태어나 8만 파운드가 넘는 유산을 물려받았으나—오늘날의 가치로 따지면 적어도 600만 파운드, 약 110억 원이 넘는다—도박 등으로 탕진하고, 우연히 맨체스터 거리에서 만난 선원을 따라 뱃사람이 되었다. 또 우연히 청나라에 무기를 밀수출하는 미국 선박 컬럼비아호에 타게 되었고, 잠시 폭풍우를 피하기 위해 갔던 제물포 근처 바다에서 일본 군함에 나포될 위기를 겨우 넘기고 도주했다. 원래 목적지였던 톈진에 도착한 후 바로 미국으로 돌아가지 않고, 컬럼비아호는 청나라 군사들을 조선에 수송하는 새로운 임무를 맡아 압록강 어귀로 향했고, 여기서 앨런은 청나라와 일본의 해전을 목격했다. 청나라 함대의 참패를 목격한 후 포트 아서(뤼순항)로 돌아왔으나, 공교롭게도 항구를 잠시 둘러보는 사이에 컬럼비아호가 출발해버리는 어처구

니없는 상황에 직면했다. 컬럼비아호로 되돌아가기 위해 앨런은 중국 배를 얻어 탔지만 배가 일본 순양함에 나포되는 바람에 포로 신세가 되었다. 한 달쯤 억류된 끝에 포트 아서에 가까워지자 앨런은 목숨을 걸고 탈출을 감행했다. 청나라 사람들의 도움 덕택에 가까스로 목숨을 건졌지만, 그는 곧 일본군의 포위 공격, 청나라 군의 무기력한 패퇴, 그리고 일본군의 무자비한 군민 학살을 목격하게 되었다. '포트 아서 학살'이라고 알려진 사건의 현장에서 앨런은 여러 차례 생명의 위기를 넘겼고, 결국 어느 정크선 편으로 탈출에 성공했다.

이것이 이 젊은 영국인이 겪은 모험의 줄거리다. 계속되는 우연 속에서 앨런은 자신의 의지와는 무관하게 청 제국의 몰락과 일본 제국주의의 등장을 알리는 역사적 사건을 직접 목격하게 되었다. 지극히 개인적인 경험을 회고하는 글이라 이 책에서 청일전쟁의 역사에 관한 학술적인 정보를 얻기는 어렵다. 전쟁의 국제정치적 맥락, 양국의 전략과 전술, 전쟁에 대한 서구 열강의 반응, 전쟁의 결과와 역사적 의미 등에 관한 깊은 통찰 역시 기대하기 어렵다. 우리 독자들이 흥미를 느낄 만한 조선에 관한 언급 역시 황해의 풍경에 관한 짧막한 언급 외에는 없다. 그렇다고 해서 우리 독자들에게 이 책이 전혀 가치가 없는 것은 아니다. 오히려 저자의 특이한 경력에도 불구하고 그가 제국과 제국의 통치에 직접적으로 연관되어 있지 않았고, 제국에 대해 남달리 관심을 기울일 만한 이유도 없는 평범한 영국인이었다는 점에서 이 책은 읽어볼 만한 가치가 있다고 할 수 있을 것이다. 이 평범한 영국인의 이야기를 통해 우리 독자들은 제국주의 경쟁이 절정에 달했던 19세기 말 서양인들의 동양에 대한 관념과 편견을 생생하게 발견할 수 있기 때문이다.

청나라 해군은 중국어로는 도저히 명령을 전달할 수 없기 때문에 영어로 지휘통제를 받았다는 것, 일본군의 공격 앞에 청나라군은 비겁하게 도망치기 일쑤였는데 "세계에서 가장 진취적이지 못하고 자기중심적이고 군인의 자질이라고는 전혀 없는" 사람들에게는 어쩌면 당연한 것이라는 평가가 이 책의 곳곳에 있다. 일본군에 대한 진술에서 앨런은 한편으로는 빠른 속도로 근대화를 이룩한 결과 작전 수행에서 질서와 기강이 잘 잡혀 있다고 높이 평가하면서도 다른 한편 '포트 아서 학살'의 잔혹성을 강조하는 등 엇갈린 평가를 내린다. 청나라군과 일본군에서 드러나는 차이에도 불구하고 앨런은 일본군의 학살 행위를 보면서 청나라 사람들이 일본군 포로를 얼마나 잔인하게 다뤘는지 상기하고, 이런 잔혹성은 동양인들에게 공통된 특징이라고 넌지시 이야기한다. 동양인들을 접하면서 앨런은 또 영국인의 특징에 대해서도 생각해본다. 예컨대, 어느 일본군 장교와 대결하면서 "대개의 앵글로색슨 족이 그렇듯 나도 주먹을 쓰는 데는 일가견이 있다"고 이야기하거나 억류 기간에 일본인 장교와 유럽 각국의 해군에 관해 이야기를 나눌 때 영국 해군의 우위는 전함이나 병력의 숫자가 아니라 영국인이 뛰어나기 때문이라고 이야기하는 장면들을 보면 인종의 위계에 관한 관념이 얼마나 뿌리 깊게 자리 잡고 있었는지 잘 드러난다. 이것 외에도 앨런의 책에서는 청나라군과 일본군의 상대적인 군사력 격차, 작전 수행 방식 등에 대해 흥미로운 관찰을 제공한다. 또한 앨런은 가는 곳마다 직접 만났거나 관찰했던 중국인의 습속이나 관념, 톈진과 포트 아서의 모습 등에 관해서도 단편적이지만 재미있는 이야기를 들려준다.

『영국 선원 앨런의 청일전쟁 비망록』은 비록 조선과 조선인에 관한 이야기는 아니지만 조선의 미래에 결정적인 영향을 주었던 청나라와 일본의 대결에 관한 당대 서양인들의 생각을 엿볼 수 있는 좋은 기회를 제공한다. 주로 18세기 영국의 정치·경제와 대영

제국에 관해 공부해왔던 역자 역시 이 책을 통해 주로 연구 문헌을 통해서 접했던 19세기 말 서양의 인종주의, 제국주의 문화, 동아시아의 상황에 대해서 다시 생각해보게 되었다. 아무쪼록 독자들 역시 같은 기회를 얻게 되기를 바란다. 오래 전에 번역을 마쳐 놓고도 이제야 이 짧은 책을 독자들에게 내놓는다. 역자의 개인적인 사정 때문에 출판이 차일피일 미뤄져 애태웠을 편집자에게 이 기회를 통해 미안한 마음을 전한다.

2011년 5월
김대륜

미 외교관 부인이 만난 명성황후
영국 선원 앨런의 청일전쟁 비망록

펴낸날   초판 1쇄 2011년 6월 3일

지은이   메리 V. 팅글리 로렌스, 제임스 앨런
옮긴이   손나경, 김대륜
펴낸이   심만수
펴낸곳   (주)살림출판사
출판등록 1989년 11월 1일 제9-210호

경기도 파주시 교하읍 문발리 파주출판도시 522-1
전화   031)955-1350   팩스   031)955-1355
기획·편집 031)955-1388
http://www.sallimbooks.com
book@sallimbooks.com

ISBN   978-89-522-1580-2   03910
       978-89-522-0855-2   (세트)

※ 값은 뒤표지에 있습니다.
※ 잘못 만들어진 책은 구입하신 서점에서 바꾸어 드립니다.

책임편집 김대환